悲劇哲學家

尼采

陳鼓應——著

目次

經典全新修訂版序
007 我的精神家園——尼采

前言
012 重新認識尼采

悲劇哲學家尼采

生活和著作
016 澎湃的思潮
018 大學生活
022 叔本華和華格納
029 《悲劇的誕生》

《查拉圖斯特拉如是說》

035 走向自己
037 生命意志的點燃
042 飄泊中的奮力著述
047 獨一無二的傑作
050 生命價值的高揚
064 創作的經過
067 預兆
071 查拉圖斯特拉的性格

上帝的死亡

077 神祇的失落
084 反神學的先聲
087 上帝死亡的意義
090 人類的自決

孤獨

097 強者的孤獨

100 兩層意境

自我的提升——超人

108 大地的意義

116 超人的影像

117 超人思想的淵源

自主的道德

120 基督教的道德觀

123 道德價值的轉換

129 精神三變

133 蔑視權勢

衝創意志

137 激發動機力

戰鬥性

143

尼采思想的評價

150

附錄 尼采作品選譯

《看，這個人》選譯

158 序言

《查拉圖斯特拉如是說》選譯

165 序言
189 三個變像
192 來世論
197 蔑視肉體的人
200 讀與寫
203 新偶像
207 市場之蠅
212 贈與的美德

220 幸福之島
224 流浪者
229 信號

經典全新修訂版序

我的精神家園——尼采

一

我接觸尼采有兩個階段：第一個階段是上世紀六〇年代初到七〇年代初，我上臺大研究所和在大學任講師的時期。第二個階段是一九八四年秋到一九八九年春，我在北京大學哲學系講課期間。雖然期間時斷時續，但尼采哲學早已內化於我的思想，成為我生命的一部分。

二

《悲劇哲學家尼采》是我在一九六三年出版的第一本書，書中內容集中體現了年輕時的我對尼采的熱情，這種熱情從來沒有消退過，這也是我仍然樂於沿用原書名並特別珍惜本書的原因。兩年後我又寫了一本小書《莊子哲學》（臺灣商務印書館於二〇二〇年改版為《莊子思想散步》）。

我在本書的一九六二年〈前言〉裡開頭就說：「世界上有兩本書是我最愛好的：一本是中國的《莊子》，另一本是德國尼采的《查拉圖斯特拉如是說》（*Thus Spake Zarathustra*）。」我在《莊子思想散步》的〈前言〉曾提到尼采與莊子「這兩者在思想解放和個性張揚方面有許多共同點，而尼采的激情投入與莊子的清明超脫，正有如希臘悲劇中戴歐尼索士（Dionysus；酒神）與阿波羅（Apollo；太陽神）的兩種精神力量的相互對立並又相互協調一樣，亦反映著歷代知識分子內心的種種衝突與求取平衡。」在我的學思歷程中，由尼采的思想園地走向莊子的哲學領域時，無論兩者在歷史文化內涵上的殊異性或同通處，都引起我很大的興趣，直到今日它們的異中之同，例如他們都以關懷人類的命運為主題，高揚人文的精神，闡發審美的人生觀等方面，依然使我讚賞不已，領引著我走向積極而達觀的人生道路。

三

從尼采到莊子的學思歷程中，使我的思想視野逐漸開闊起來。尼采以生命的眼光觀看藝術，莊子以藝術的心靈審視生命，都給我日後坎坷曲折的現實人生中以無比豐盛的精神滋養質素。

在尼采第一本著作《悲劇的誕生》（*The Birth of Tragedy*）中，藉著解釋希臘藝術精神時，賦予酒神以意志的驅動力，並賦予太陽神以思維的清晰性，自後酒神式的肯定人生的精神一直貫穿在尼采所有的著作中，而謳歌生命也成為他作品中的一個主調，比如在《愉快的智慧》（*Joyful Wisdom*）中說：「生命是不停地將我們的整體轉化成光與火焰。」又如在《查拉圖斯特拉如是說》中說：「生命是歡愉的泉源」、「世界如一座花園，展開在我的面前」。

尼采從生命哲學的立場反思西方傳統哲學，認為從柏拉圖（Plato）到康德（Kant）莫不具有這樣的特徵：一是西方傳統哲學注入了過多神學的血液（《反基督》（*Der Antichrist*））；二是傳統形上學依據邏輯推論進行概念的鋪陳，但欠缺生命的活力。正如他在《偶像的黃昏》（*Twilight of the Idols*）中指出：「千年來西方哲學家所從事的思想工作都變成一種概念的木乃伊（Conceptual Mummies）。」

尼采對西方傳統哲學之流於神學化的評論，及其理性單一化與概念僵化的反思，啟發了我對自宋明至當代新儒學所倡導「辨異端，辟邪說」之道統說，產生質疑；在進入了莊子世界後，對道統意識之人身崇拜與排斥異端的省思，更加明確。

四

六〇年代後期至七〇年代初期，我對老莊典籍的註譯工作，使我更深入道家的領域，自一九六七到一九七四約七年的時間，我完成了《老子註釋及評介》與《莊子今註今譯》二書。臺大校園的一段生活中，從尼采到莊子的著述工作，是我學術人生一個重要的開端。但也就在這時期，我參加了七〇年代初臺大校園中的保釣運動，由於我和王曉波在「民族主義座談會」上的言論，致使我在一九七三年遭到解聘，並導致臺灣學術史上史無前例的臺大哲學系事件，這使我的現實人生跌落了谷底。然而追求民主與民族的理念，一直是我生命中的兩個主軸，這個理念也不時呈現在我對老莊的解釋之中。

誠如唐代詩人王維的詩句中所說：「行到水窮處，坐看雲起時。」在臺大哲學系事件後，我的學術活動雖然中止，但正如老子所提示的禍福相倚之哲理，一九七九年我第二次赴美，一九八四年我到了北京大學任教，這是我學術人生的另一個進程，有關《易傳與道家思想》與《道家的人文精神》等論著，都是在北大任教的十二年頭裡所撰寫。一九九七年我又獲得臺灣大學平反復職回到母校任教，而今從臺大退休之後，我又有機會到北大任教。

何其幸運，自己能夠在臺灣大學與北京大學的不同時空裡，講授尼采與莊子的課程。

在我的生命歷程中，正如當代文學家鍾理和先生在〈原鄉人〉中所說的：「我不是愛國主義者，但是原鄉人的血，必須流返原鄉，才會停止沸騰！」我的家鄉是福建長汀的客家村，兩岸校園的生活確實使我與原鄉的距離越來越遠，然而我終究在尼采的思想中找到我的精神家園，在莊子的天地裡找到我心靈的故鄉。

二〇二二年二月於臺灣大學宿舍寓所

前言

重新認識尼采

世界上有兩本書是我最愛好的：一本是中國的《莊子》，另一本是德國尼采的《查拉圖斯特拉如是說》，後者比前者更為適合於我現在的生活與個性。在查拉圖斯特拉面前，每個人都會覺得像面對一面鏡子，你會發現真實的自我，你會感到生命力的奔放，你會親歷無限的提升力量，在你的心靈深處激盪著。因此，尼采的著作是人人都可讀、人人都該讀的。

二十世紀初，尼采思想被誤用而掀起了政壇上的軒然大波，從此為世人所矚目。到了今天，幸而學者們已經能夠冷靜地從他的著作中吸取他的精義，從而發現其中的重要性：尼采提出上帝的死亡與自我的超升，並且表現衝創的意志與奮鬥的精神，同時還體驗到人類強烈的「孤獨」感。這些都構成現代哲學與現代文學的內在意義與中心問題。

現代的思想界中，幾乎很少不受尼采哲學的影響。當代存在主義大家雅思培（Jaspers）和海德格（Heidegger），都是研究尼采最有名的學人。就拿中國來說，最早的王國維、魯迅、陳獨秀和後來哲學界的方東美、李石岑諸位先生，都受到尼采思想的感染。

尼采思想的偉大處，在於把人的力量視為一切創造的本源，他歌頌生命、奮進與超越。在經歷傳統哲學唯理的獨斷觀念重壓之後，尼采的精神不啻是一種醒覺的訊號，尤其是在霸權主義猖獗，生存意識糾結紛亂的今天，對於尼采的思想，我們有重新認識的必要，這也是我寫本書的最大動機了。

一九六二年於臺灣大學哲學系

悲劇哲學家
尼采

生活和著作

一　澎湃的思潮

「我的時間尚未來到；有些人要死後才出生。」尼采（Nietzsche）在孤寂中仍能掌握他的自信，而投下這樣的豪語。果然，他有自知之明：當他一九〇〇年辭世，死亡的腳步剛踏進二十世紀的門欄，這半個世紀的歷史便跌入了他思潮的震撼之中。

一八八八年，一位卓著的丹麥文學批評家布蘭德（Brandes）在哥本哈根（København）首次講授尼采，從此他的聲名便像烈火一般地傳播開來，報章雜誌爭論著他的影響，討論他和當代思潮與聞人的關係——叔本華（Schopenhauer）的哲學、達爾文（Darwin）的進化論（Evolution）、華格納（Wagner）的音樂、齊克果（Kierkegaard）的實存概念、希特勒（Hitler）的政權、基督教、心理分析、現代德國詩壇、第一次世界大戰、第二次世界大戰、以及存在哲學……，有關尼采論說，湧現於世！

尼采的影響是澎湃而多面的，正因此，對於他的讚譽與指責也便交相飛來。當希特勒把尼采整套著作作為賀禮送給墨索里尼（Mussolini）時，尼采的聲名高峯迭起，而他的學說被曲解也隨之到達了最高潮。此後，一般人對他學說中的重要觀念均產生極大的誤解：納粹（Nazi）故意歪曲他的思想，用他作為發動霸權爭奪戰的代言人，於是，美國的杜威（Dewey）、法國的柏格森（Bergson），以及英國的羅素（Russell），和《查特萊夫人的情人》（*Lady Chatterley's Lover*）的作者勞倫斯（D. H. Lawrence），通通起來駁斥尼采的思想。有些因自己思想出發點的不同而抨擊他；有些是基於愛國心的政治宣傳而誣蔑他。然而英美法思想家的謾罵，一如德國人的歌頌——都是出於斷章取義，斷章取義的詞句往往和尼采的原意完全相反。他們的曲解和誤解，使得生前飽受冷漠的尼采，死後卻一直被熱烘著。

現在，我們要在熱烘的聲浪中，冷靜下來，從這位震撼著二十世紀思想界的怪傑的著作中，逐一探討他的本意。

二　大學生活

尼采的思想，可說是他性格和經驗的產物，那麼，首先讓我們談一些他的生活背景，從這裏開始來增加我們對他著作的了解。

尼采出身於宗教家庭，據說他的祖先七代都是牧師。他父親曾任普魯士王國（Kingdom of Prussia）四個公主的教師，因著他和威廉四世的關係，定居在洛肯（Rocken）村，不久便在該區擔任牧師之職。尼采生出來才四歲，父親不幸墜車震傷，延長了一年的生命便去世了。喪後，尼采在他母親的懷抱裏離開故鄉遷往南堡（Naumburg）。這時圍繞著他周身的，都是女人——母親、妹妹、祖母，和兩個姑姑。外在的世界，在戰火的動盪中喘息著，尼采卻生活在一片祥和平靜的氣氛中。

在這裏，我們可以看到兩點奇特的事實：一、尼采生於宗教的氣氛中，日後卻成為舉世聞名的反基督教的人。二、尼采在女人的周圍與養育中長大，日後卻成為堅決的反女性主義者。

尼采十四歲進入普夫達（Pforta）中學，課程都是古典的，訓練很嚴格。這學校出了很多偉人，如詩人和劇作家諾瓦利斯（Novalis），語言學家和研究莎士比亞（Shakespeare）的學者施勒格爾（Schlegel），以及哲學家和愛國者費希特（Fichte）。

這時的尼采，除了理智的發展有著驚人的進步外，音樂和詩歌已成為他的感情生活的兩條出路。

一八六四年，尼采和他的朋友杜森（Deussen）進入波昂（Bonn）大學，那時他二十歲，開始研究語言學和神學，但第一學期結束，便不再繼續神學了，他不願在神學的空泛觀念上浪費時間，關於這點，尼采在日後的自傳中也曾說到：

> 為什麼我知道的比別人多些？一般說來為什麼我這樣敏銳？因為我從未在一個不是真實的問題上作思考。我從未浪費過我的精力。例如，我沒有實際宗教困難的經驗。對於「原罪」之感，我完全不熟習。我也缺乏一個可靠的標準來決定良心上的懺悔：我覺得良心的懺悔是不必加以重視的，……良心上的懺悔在我看來是一種「罪惡的眼光」。……「上帝」、「靈魂的不朽」、「拯救」、「超越」（Beyond），這些只是觀念，我並不注意這些，也從不在這上面浪費時間，……

我根本不把無神論視為一個結果，更不把它當作一件事：我的天性原是如此。我太好問，太多疑，也過於自大，致使我自己不滿於事物的粗淺的解決。上帝則是如此一個粗淺的解答。[1]

在大學期間，尼采對基督教的信仰越發遠離了，他簡直要把基督的信仰全部拋棄，一八六五年復活節，我們可以想像得到尼采的母親聽到她的兒子拒絕參加他們慣常的聖餐時，會如何的驚訝！事後尼采寫信給他的妹妹伊莉莎白說：「如果妳祈求心靈的平和與快樂，相信好了！如果妳希望成為一個真理的門徒，探索吧！」

尼采拋棄了宗教問題的約束，對於威權便越富反抗的精神，他的性情也漸趨急切，有一個時期還加入喝酒、唱歌、打鬥的團體。他的回憶裏曾提起當時的事：

我相信孩童時代喝酒、抽煙，起初只是青年的虛榮，最後卻成為壞的習慣。少量的酒精使我精神不振，大量的酒精卻使我像離開海岸的水手。我少年時代就有這股傻勁，一夜之間寫一首拉丁小品，或翻譯一篇拉丁散文。[2]

不久尼采便覺悟這種縱情的生活，深感人群中的喧囂只是帶來內心的空虛而已，於是他又重返往日的孤獨。

在孤獨中，尼采的心靈旋即被兩種藝術所充實：伊士奇勒斯（Aeschylus）和索福克利斯（Sophocles）的悲劇，以及華格納的音樂。他背誦伊士奇勒斯的詩章，聆聽華格納的歌曲，把自己忘形於一個不同的而且更光輝的世界裏。

一八六五年，他敬愛的古典語言學的里奇爾（Ritschl）老師到萊比錫（Leipzig）大學任教，尼采也隨著到了那裏。在這一段時期，尼采專心向學，他和洛德（Rohde）由於共同醉心於古希臘文化而結交為好友。

在萊比錫的幾年間，有兩大影響形成了尼采的個性，這便是叔本華的哲學和華格納的音樂。

---

1 尼采自傳《看，這個人》（*Ecce Homo*）。英譯 "*Why I Am So Wise?*", 1. Clifton P. Fadiman, The Modem Libraray, New York.

2 同上註（以下為 Ibid.）。

三　叔本華和華格納

在一八六五年的冬季，有一天，尼采偶爾在一家舊書店買到叔本華的巨著《意志和觀念的世界》（*Die Welt als Wille und Vorstellung*），他立刻被這位已逝六年的憂鬱智者迷住了，他狂熱地喊著：「我發現了一面鏡子，在這裏面，我看到世界、人生和自己的個性被描述得驚人的宏壯。」他咀嚼著這本書的每句話每個字，費了十四天的功夫，不分日夜，一口氣就讀完了。

叔本華哲學的見解，在《意志和觀念的世界》這本書上表明無遺，他把世界分為不同的兩類：觀念和意志。他以一個極端的觀念主義者出發，以為世界只是主體的觀念；而世界之為一觀念，乃是我們思想的建構品。我們把一羣觀念分為一類，並給以法則，我們當作是真實的，其實不然，只有每一項意志的行為（即是身體的運動）才是真實的。由是，叔本華把它擴大到一個更大的機體——宇宙。以為宇宙間的一切現象不外是意志的發現，意志是一切組織的原則，一切創化的重心：野獸意欲撕碎獵物，又欲以爭奪為生，所以有巨爪利齒，有堅強的筋肉以及銳利的眼睛（如鷹鷲）；

反之，那些不欲爭鬥，希望逃避危險的動物，則不長攻擊的器官，卻長銳敏的聽覺與輕捷的腿（如赤鹿）。曠野的鳥，欲以爬蟲為生，所以有特別發達的頸與喙（如鵜鶘）；貓頭鷹欲於暗中得見，所以有極大的瞳孔，刺蝟與龜以殼覆蓋己身，因牠們不欲逃逸。烏賊把牠自身藏於棕色液體中，為欲閃避侵襲。在這些情形中，我們得知唯獨意志，或更確切的說，唯獨求生的意志（Will to Live），才是主要的動力。

依叔本華看來，人便是求生意志的工具，然而這意志使我們投向於無止境的饜欲中，慾望無窮，而滿足有限，這種滿足如同擲向乞丐的施捨，維持他今天的生命，卻延長了他明天的愁慘。有限的滿足既不足以應無窮的欲望，因此人生陷於痛苦之中。所謂占有，只是希求暫時的滿足而已；所謂快樂，只是遺忘剎那的痛苦罷了。我們過一天，就更靠近棺材一點，死亡不時對生命發出微笑。

叔本華有遺傳的神經質，如對黑夜的恐怖，無緣無故的沮喪，暴躁的脾氣，他的悲觀色彩和自己的氣質有很大的關係。由於這種氣質，使他無法保持一個愉快的人生觀。何況他所處的時代，正是死亡的浪潮洶湧的時候，整個歐洲都在拿破崙的鐵蹄下呻吟著。戰爭終是過去了，但所遺留的，卻是一片廢墟。生之圖案充滿了令人不忍卒

睹的慘象。人們在喘息之餘，被迫生活在一連串巨大問號的陰影下：這表現了什麼？這為的是什麼？這滿目淒涼的世界還會有善意的上帝存在嗎？叔本華成為這悲慘世界的發言人：人生是可悲的，上帝只是一個多餘的假設（A Redundant Hypothesis），這說法是何等的乾脆，又是多麼的真實。

尼采深受叔本華那種獨抱孤懷的人格所感動，但他並沒有染上悲觀色彩，雖然叔本華所感受到的時代痛苦，同樣積壓在尼采的肩膀上。後來尼采發現叔本華的悲觀思想可以用希臘藝術來醫好。

正當尼采陶醉於叔本華哲學的時候，恰巧又發現了一位天才，以音樂的形式表現著叔本華的思想。這位天才便是大名鼎鼎的劇作家華格納。

華格納（一八一三～一八八三）是德國音樂界的奇才，為後期浪漫主義作曲家中的真正代表人物。他綜合了浪漫主義的幻想，國民樂派的民族觀念，以及汎神論的宗教思想，再加上他那特殊的和聲與配樂等表現方法，形成了一種前所未有的音樂理論，這種理論表現在他建立的「樂劇」（Music Drama）上，有突出的效果。他反對義大利式的純技巧表現的歌劇，因為他認為音樂的表現不僅是技巧，最重要的是思想。

華格納早年（十八歲）曾入萊比錫大學研究哲學，對於實用美學方面下過一番功夫。從那時起他便開始寫些管絃樂的作品，不過他最大的興趣是在歌劇方面。《婚禮》（*Die Hochzeit*）是他的處女作，以後繼續創作《妖女》（*Die Feen*）、《禁止的戀愛》（*Das Liebesverbot oder Die Novize von Palermo*）、《漂泊的荷蘭人》（*Der Fliegende Holländer*）、《特萊斯坦和伊索爾德》（*Tristan und Isolde*）、《名歌手》（*Die Meistersinger Von Nürnberg*）、《尼布龍根的指環》（*Der Ring des Nibelungen*）等等歌劇。

尼采一生中最有名的朋友要算是華格納了，他在學生的時候就很喜歡華格納的劇曲，因為尼采有感於他的音樂之力與美的表現。尼采才十七歲便開始研究華格納的樂劇《特萊斯坦和伊索爾德》，並且還經常在鋼琴上彈奏劇中動人的部分呢！

當時，尼采認為叔本華、海涅（Heine）和華格納是自歌德（Goethe）死後的德國藝術界中重要的人物（後來他把自己也包括在這個團體內）。這時叔本華和海涅都已過世，華格納住在特里普森（Tribschen），離巴賽（Basay）不遠的地方。

尼采得識華格納是在一八六八年秋，廿四歲的青年哲學家和五十五歲聞名於世的

音樂家，初次見面便大談叔本華，華格納還親自演奏《名歌手》的第一幕前奏曲給尼采聽。事後尼采給他的朋友信上說：「我發現了一個人，是如此深刻地感動著我，他就像叔本華所說的『天才』，他充滿著奇妙而動人心弦的哲學。」這是一八六八年的事，但是廿年後尼采卻稱華格納為「狡猾的響尾蛇」、「典型的頹廢者」！這真是件饒有趣味，而又令人遺憾的事！

當時華格納之所以吸引尼采，不僅由於他的偉大性，同時也因尼采深愛音樂之故。尼采欣賞華格納富有革命性的作品；他們都對叔本華懷著一份喜愛的感情；《特萊斯坦》（Tristan）不僅讚美了叔本華無休止的、盲目的、與掙扎的意志，而且還表現了一種沉醉的歡欣，這留給尼采一個啟示，使他腦中激起了古希臘戴歐尼索士（Dionysus）祭祀時的那種鼓舞興奮之情，這使得尼采在《悲劇的誕生》中，討論希臘劇曲之餘，也還忘不了華格納的作品。

尼采和華格納認識三年，處女作《悲劇的誕生》出版。在這裏，尼采把希臘文化分成蘇格拉底（Socrates）以前和蘇格拉底以後兩個不同的階段，前者的文化是由健康的生命力所創造的，後者則是毫無生氣的理性的產物。尼采繼續說，現代的文化很像過去蘇格拉底時期的文化，只有華格納的音樂可以拯救這種文化的危機。尼采把一個藝術的理想寄託於華格納的歌劇上面。華格納得到這樣的一位知己，他怎能藏得住內心的高興呢！無怪乎在他看完《悲劇的誕生》之後，對尼采叫喊著：「我從來沒有讀過一本像這樣好的書，簡直偉大極了！」

一八七六年夏季華格納離開特里布申（Ttibschen），到了拜壘（Bayreuth），在那兒建立了一座規模很大的國家歌劇院，正準備上演他的新作。華格納寫信催促尼采到拜壘看他排演，尼采滿懷興奮之情趕去。六月間尼采寫完有關華格納的論文（〈華格納在拜壘〉），還稱讚華格納在表現自我內心深處的情感與體驗方面具有超人的能力。但在七月下旬他看完華格納《尼布龍根的指環》之劇作後，感到失望了，他認為整部劇都充滿了基督教的色彩，墮落的氣氛！

華格納的歌劇變成人類心靈的軟化劑，皇室以及優閒富裕的人們，都成了華格納迷。正當華格納享有盛名時，尼采掉頭而去。

不留一個字給華格納——他走了，在克林根布倫（Klingenbrun）藏匿了十天，徘徊於波希米亞森林之中，就在這裏，一個大的啟示：使他走向自己，尋找自己——

而不再奢望那已破滅的幻影。幾天以後，他又回到拜壘（Bayreuth），卻像個陌生人，我們無法想像在這幾個星期之內他是多麼的痛苦。最後尼采離開了拜壘，以後從沒有回去過。尼采後來寫著：「在我一生中最大的事是恢復健康，華格納是我唯一的病痛。」

他拋棄了華格納，也連帶遺忘了叔本華。其實尼采心中之叔本華的畫像，並非叔本華本人，而是希臘悲劇的哲學家；尼采心中之華格納的畫像，並非華格納本人，而是戴歐尼索士藝術家的理想形構。如今，這些理想全都破滅了！

在《悲劇的誕生》中，尼采把他的朋友華格納偶像化、神聖化，現在他不再想做華格納的信徒了，他要成為他真實的自己；他不再忠實於友情的華格納。友情的華格納是建立在哲學精神的華格納之上的，這種精神消失了，友情也隨著暗淡！[3]

尼采的心弦在拜壘的氣氛與哲學的精神兩極之間擺動著——前者是甜蜜而陰暗；後者則坎坷而曠寞，但與晴朗的天空為伴。正值華格納成為當代高級社會的寵兒之際，尼采終於選擇了他自己和星光。這隻老鷹展開了翅膀，一飛而沖天。

四　《悲劇的誕生》

尼采不僅是位知名的思想家，同時我們也不要忘了他是位傑出的學者；他的思想創作應以《查拉圖斯特拉如是說》為最卓越，而學術工作則首推《悲劇的誕生》為最昭著。他才二十五歲便得里奇爾的介紹而膺任古典語言學教授之職，這時尼采已是一位優越的古典語言學者，他從古籍的解釋中奠定了創作基礎。《悲劇的誕生》是他早期學者工作的代表作，在這本書裏所提出的許多問題，都成為尼采後來著作發展的線索。

《悲劇的誕生》是尼采古典語言學上別開生面的一部著作，另外還受了叔本華的意志哲學和華格納的音樂的影響。在這裏他認為只有在美感現象中，生命和世界才顯得有價值。美感價值是《悲劇的誕生》中所認為的唯一價值。

尼采反對康德所留下的理性與道德世界秩序的概念，他也不同於謝林（Schelling）

3　F. George Busmon Foster: *Friedrich Nietzsche*, New York, The Macmillan Company.

等所接受的啟示宗教之信仰，他比較接近啟蒙運動（Enlightenment）。他建立價值而無神聖的制約，但又不同於啟蒙運動的各位思想家，因為他開始對道德價值感到懷疑。尼采懷疑道德的價值之後，進一步又探究價值的維持是否需要超自然的肯定，他沒有康德那種信念，以為只要把古代的上帝從哲學思想的領域中逐出去，就可以解救我們古老的價值。尼采早期的著作中，都認為價值無需依於「永恆的神意」或「自然的目的」。也許因為道德價值和超自然的理論太密切了，尼采乃在《悲劇的誕生》中開始探討他的美學價值。

《悲劇的誕生》主要觀念為阿波羅和戴歐尼索士。尼采由古典語言學的研究，提出了這種特殊的見解：以為希臘藝術即由這兩種精神的互相激盪中產生。

> 藝術的不斷發展為阿波羅和戴歐尼索士兩體的結合，正如生殖依於兩性的關係一樣。
>
> 阿波羅和戴歐尼索士，希臘的兩個藝術之神，在希臘世界中為一尖銳對立的存在，在起源和目的上，阿波羅的雕刻藝術和戴歐尼索士的音樂藝術都成為一個強

烈的對照。這兩個明顯的趨勢並駕齊驅，他們又不斷地互相激盪，以成為更強力的新生，這兩個精神在長期的對峙下，僅在「藝術」共同的名詞中取得表面的協調，直到最後，才由希臘意志中的形上學奇蹟加以點化，而形成阿提卡（Attic）悲劇的藝術創作。

為了把握這兩種趨勢，首先讓我們設想他們為夢幻與醉狂的兩個藝術世界。這種生理的現象存在於阿波羅和戴歐尼索士之間。[4]

阿波羅和戴歐尼索士是希臘人在藝術上所崇拜的兩位神：在太陽神阿波羅的恬靜幽美光彩四射之中，喚起希臘人形形色色的夢幻，於是依影圖形而發揮他們在造形藝術上特有的成就；同時，在酒神戴歐尼索士的沉醉狂歡載歌載舞之中，激起希臘人波濤澎湃的生命，於是藉創造的衝動而征服種種可懼的事物。

在《悲劇的誕生》中，尼采對這兩者平衡視之，阿波羅精神表現出一種靜態的

4　尼采《悲劇的誕生》，英譯1, Clifton P. Fadiman。

美，把蒼蒼茫茫的宇宙化成理性上的清明世界，並藉其夢幻之馳騁，而後復以生命中之無限生命力貫穿於靜性的世界之中，把平面的結構貫穿而成立體的結構。這種生命的律動，從希臘宗教上的戴歐尼索士暗示出來，酒神戴歐尼索士狂醉後，把深藏於內心的生命力勾引出來，貫注於理性的世界中，而形成音樂、歌舞的衝動。

尼采倡言希臘文化的最高成就，即阿波羅藝術（史詩、雕刻、繪畫）和戴歐尼索士藝術（音樂、舞蹈）的結合。這兩種精神相衝激而產生了深邃沉厚的悲劇，希臘文化最高的智慧即表現於它的悲劇之上。

這種悲劇最初的形式是人羊神（人體羊頭神）的合唱，在合唱中，大家踩著舞步——手之舞之，足之蹈之，以一種音樂的節拍，藉舞蹈來發洩其豪情壯志。這種人羊神的合唱，是由戴歐尼索士的狂歡誘起阿波羅的幻想（希臘悲劇乃由此進入複雜微妙的境地）。經過戴歐尼索士如此歡欣陶醉之後，勾引出生命潛在的力量，而後把凍結的生命世界重新賦予動律，以此狂熱情緒來克服一切憂患，打破種種困苦，並以此狂熱情緒，激發創造的衝動。這即是希臘悲劇精神之所在。

在此，尼采對於希臘文化提供出一種嶄新的見解。他在《看，這個人》（*Ecce*

Homo）中對《悲劇的誕生》曾作如是的評語：

> 在這書上，有兩個明顯的革新：一、在希臘文化中，把握了戴歐尼索士的現象——第一次，對於這現象提供一個心理的分析，以此視為一切希臘藝術的基礎。二、第二個革新是對於蘇格拉底思想的解釋——在這裏第一次把蘇格拉底認定是希臘文化衰落的關鍵，視為頹廢的典型。[5]

在這上面，尼采確是提出了一個驚人的見解，從前的哲學史都以為希臘哲學盛期是由蘇格拉底而柏拉圖到亞里斯多德（Aristotélēs）的時代，但是尼采則指出這種觀點是錯誤的；他認為希臘哲學的高峯是屬於前期，因為希臘後期的哲學只是在象牙塔上造概念，而真正的哲學是應該從健康的精神上發洩出來的，希臘前期的哲學家〔如赫拉克利特斯（Heraclitus）等〕即能表現這種精神。

---

5 *Ecce Homo*, "Why I Write Such Excellent Books?", *The Birth of Tragedy*. 1.

從中世紀一千多年以來，都只以為希臘文化唯一的精神是阿波羅精神，以為希臘文化只是阿波羅理性之光的發射。以此，尼采乃指出不僅近代人不了解希臘精神，而且希臘人也誤解了他們自己，所以尼采抓住了蘇格拉底作為代表而加以批評。

尼采認為蘇格拉底沒有悲劇精神，並且不了解古希臘的詩，只知道荷馬（Homer）本事詩上平易近人的庸俗理論，而荷馬本事詩中的悲劇英雄也被化為平淡無奇的俗人。蘇格拉底之後，不僅哲學衰落，藝術也漸趨暗淡。例如三大悲劇家，到了第三個幼里披底斯（Euripides），他的作品中初期尚能保持原始悲劇的精神，但已漸形平凡而開始衰退了。蘇格拉底以後，熱情被凍結（變成有光而無熱），戴歐尼索士的精神消失了，只剩阿波羅精神也逐漸衰落，由是創造力頓形萎縮，從此希臘開天闢地的精神便喪失殆盡了。希臘文化乃變成既非理性清明的世界，也非陶然醉意的世界；在哲學上成為平凡的蘇格拉底世界，在藝術上成為淺薄的喜劇。[6]

五　走向自己

從來沒有一部古典語言學的著作像《悲劇的誕生》這樣富於抒情的意味和獨特的創見。但是這部奇書在問世之初，一般古典語言學的老教授們都冷眼視之。有一位教授批評它為「完全胡說」，另一位語言學家還寫了一本小冊子評譏這書，雖然他的朋友洛德曾撰文替他辯護，但這卻不能減少當時哲學界對他的敵視，尼采顯得孤立而傷心，連班上的學生都經人勸阻而不再上他的課了。但是尼采並不氣餒，他仍繼續著述，於是在一八七三到一八七六年之間，他寫成了《不合時宜的觀察》（*Untimely Meditations*），這書的內容包括四篇很長的論文：

第一篇〈史特勞斯：懺悔者與作家〉（"David Strauss: The Confessor and Writer"）——史特勞斯（David Strauss）為著名的《耶穌傳》（*Das Leben Jesu*）作者，後來又寫《新舊的信仰》（*Der alte und der neue Glaube*）而給當時社會以廣泛的影響。尼采

6　《悲劇的誕生》一節，對於悲劇精神的解釋，參考方東美教授所口述。

批評他，並非出自個人的情感，而是有鑒於他在教育上造成平庸化及扼殺蓬勃意志的思想。

第二篇〈歷史的利弊〉（"The Use and Disadvantage of History for Life"）——關於歷史價值的思考。

尼采對於歷史的研究也許受了布克哈特（Burckhart）的影響，達爾文的樂觀思想與「進步」的樂觀信念，和尼采所想的大為不同。尼采重視恐怖性對於歷史的挑戰，它可使弱者否定人生，使強者創造美的事物，強者在歷經艱辛後所激起的創造美，這歷史是有價值的。尼采認為歷史的研究應是一種強烈的刺激品，不是毀滅人心，便是堅強人心。

第三篇〈教育家叔本華〉（"Schopenhauer as Educator"）——認為叔本華的理想是未來人類的典範。教育應該注重於個人的價值與個性的啟發，然而現代御用的大學教授只知致力於低下的人生價值之灌輸。世俗的教育家只知高叫羣眾價值之提高，孰不知個人價值若低落，則羣眾價值便無由增高。

第四篇〈華格納在拜壘〉（"Richard Wagner in Bayreuth"）——叔本華的「天才」

之理想為華格納所實現。華格納在拜壘定期音樂會中表現了真正藝術創造者的驚人成就，他融合了一切藝術而成為美感的綜合體。

這些書使尼采的敵人漸漸多起來，最糟糕的是不久和華格納的決裂。然而這在他的思想上卻是一個轉捩點。此後，尼采漸漸地走向他自己，創造他自己的哲學。

六 生命意志的點燃

在尼采的思想創作日趨豐富的同時，他的身體健康卻日趨崩潰——劇烈的頭痛、胃病、眼疾侵襲著他。

他的病，也許和他在一八七〇年普法戰爭時短期的軍中生活有關。早在一八六七年，他加入軍事訓練，不慎墜馬受傷。三年之後，又以瑞士公民的身分參加救護工作，在救護車上守了三天三夜，服侍六個重傷患，他們得著赤痢白喉，尼采也受了傳染而送往醫治。後來他給他朋友戈斯多夫（Gersdurff）的信上說：「我所經驗的空氣，像一片陰鬱的霧迷濛於我的周身：我這次所聽到的悲歎哀哭之聲，像是永無終

止。」從此他的身體受到嚴重的損傷，強烈的神經痛、失眠症，以及消化不良種種病苦纏繞著他。他躲到鄉間休養了兩個月，總算恢復了健康。但是到了一八七九年，因用功過度而舊病復發，甚至幾臨於死亡的邊緣。當時的情形在他自傳中有動人的描述：

我存在的喜悅，其特徵是充滿著命運：以一個謎樣的形式表現了出來，假如像我父親一樣，那麼我已經死了；像我母親的話，我還活著而漸趨老邁。這兩種生命的起源像生命的梯子上最高和最低的一級，一方面衰退，一方面才開始，假如有意義的話，這解釋了一個中和性，即是對於生命一般問題我不屬於任何一個局部，以此，把我顯示了出來。我對於上升和下降的第一個徵象要比任何人更為敏感。在這領域內，我是一個主人——我知道兩方面，因為我屬於兩方面。我父親在三十六歲時逝世；他是個優雅、可愛而多病的人，好像他的命運只是短短的一生——只提醒人有個生命——他的生命衰退的同年，我也開始衰退：在我三十歲時，我的生命力到達最低點——我仍然活著，但我不能看見三步以外的東西。在那時候——一八七九年——我辭去了巴賽大學教授之職。活像個影子，在聖馬利茲（St. Maritz）過了一個夏天，到南堡又度過了一個冬天，這是我生命中最沒有陽光的時候。我正趨於最低潮。《影子中的漫遊者》（*Der Wanderer und sein Schatten*）就在這時出版。無疑的，我對影子已非常熟悉了。

冬天，在熱那亞（Genova）第一個冬天，我血肉極端貧虧的時候，卻帶著愉快而精神煥發的心情，完成《曙光》（*Morgenröte. Gedanken über die moralischen Vorurteile*）。這本書反映出極度的光明與愉快，同時也顯現了理智上的豐富。在我這方面，不僅和我最衰弱的身體很相應，同時也正是我最痛苦的時候。一連七十二小時的頭痛和強烈的暈眩使我感到痛苦異常，但我仍專心著理論的清晰，血液完全冷了，而我仍思索著許多的問題。……

我的血液循環是緩慢的。沒有人能在我的血液中查出熱度。有一次一位醫生替我看病，最後喊出來：「不！你的神經沒有一點毛病，我才是神經病呢！」他們不能在我身體中發現出究竟是哪一個局部的衰退，或任何功能性胃病也查不出來。

甚至於我的眼睛也很糟，幾乎接近盲目的危險，這只是果而不是一個因：因為，我身體健康進步時，隨著我的視力也好轉。對我說來長年累月是可以恢復的，但說來也會再發，而且還在衰退的週期中呢！我知道內內外外的衰退情形。若承認我是衰退者，事實我正是相反，其中有一證明：我常本能地選擇一個正當的治療法，而不選擇有害的。至於衰退的人，卻往往選擇其有害的治療法。大體上我當時是健康的，但在某些項目上則是衰退的。精力迫使我走向孤獨，同時，迫使我離開我平常的生活方式：自我訓練使我不鬆懈，不要人服侍，也不要醫生看我——這些都顯示著我最需要的本能都很好。我可以自己管理自己，自己恢復健康，做這些事，第一成功的條件是（生理學家都會同意的）根本上為健康的人。一個真正多病性質的人，不能變成健康，他自己的努力也很少。另方面，對於一個本能上健康的人，疾病反而是生命有力的刺激，生命豐富的刺激。由是我便以這種態度來看我長時期的病痛：這似乎使我發現重新的生命，我的自我也包括在內（自我也新起來了）。我嘗試所有好的甚至於瑣碎的東西，而其他人則不能做到我以我的健康意志與生命意志創造哲學，……我希望別人如此來了解我；在我生命力最低潮的年月裏，我仍不會成為一個悲觀主義者：自我恢復的本能不使我有窮困與絕望的哲學。[7]

三十六歲以後，尼采的肉體生命開始往下崩塌，但是他的思想生命卻正相反地開始向上創建。這真是件奇妙的事，也許正如他自己所說的：「疾病反而是生命有力的刺激，生命豐富的刺激。」因為他在本能上是個極堅強的人，即使在最嚴重的病況下，他仍然以生命的意志克服它。

「血液完全冷了，而我仍然思索著許多的問題。」病痛與孤獨兇猛地侵襲著他，但他卻能以卓絕的精神撐持著自己，奮力發揮高度的創造慾，直至視覺幾乎失明還在振筆疾書。很少人能為自己的天才付出這樣大的代價啊！

---

7 *Ecce Homo*, "Why I Am So Wise?",1.

七　飄泊中的奮力著述

病痛迫使尼采辭去巴賽大學教授之職，結束了他十年（一八六九～一八七九）的粉筆生涯。從此尼采過著一種吉卜賽人式的飄泊生活，流浪於南歐一帶，那些地方，到處都留著古蹟，古希臘的寺廟，戴歐尼索士與阿波羅栩栩如生的塑像，文藝復興時代藝術家的事蹟，這一切都回響於尼采的哲學之中。

尼采漫遊各地，他的大部分思想都是他在野外散步時沉思所得的，也許是由於他缺乏健康的緣故，他喜歡用警句來表達他的思想。《人性的，太人性的》（*Human all too Human*）和《曙光》這兩部書便是格言的彙集。

《人性的，太人性的》是一個「轉機的紀念碑」；在文體上，尼采放棄了以前嚴整的論文而採用散文體裁；在思想上，他拋棄了華格納與叔本華而開始創立「超人」之說。

《愉快的智慧》完成於一八八二年，是尼采病後新癒時的作品，所以筆下流露出一股生命喜悅之情，這書可作為《查拉圖斯特拉如是說》的引子。

一八八二年，尼采到西西里（sicilia）進行春季旅行，在那裏，他接受了麥森寶女士的邀請赴羅馬。她羨慕尼采的個性和天才，希望他能找到一位妻子，尼采回信給她：「我老實告訴妳，我所需要的是一個好的女人。」她選擇了年輕美貌的莎樂美（Lou Salome），尼采很快的就墜入情網。但是不到半年的時間就鬧翻了。莎樂美還寫信痛罵尼采，他沒回話，只給瑞伊（Ree）博士信上說：「她如此不害臊，居然想把世界上最偉大的天才作為玩弄的對象。」

如今，貧病失戀的尼采比以前更寂寞了，他再度開始飄泊。但是現在他把他的愛，高度集中於他的精神產物——《查拉圖斯特拉如是說》。

在飄泊的旅途中，他每天清晨或黃昏沿著海岸或山間，作漫長而孤獨的散步，在步行中深思冥索，他的創造慾恰像幽谷中的澗水，噴湧而出，他用心捕捉著每一瞬間的靈感，取出隨身攜帶著的筆記本記錄下來。就在一八八三到一八八四年之間，寫下了《查拉圖斯特拉如是說》。關於這書，在後面我們要單獨列出來談它，因為它是尼采最具創造力的代表作，也是世界上罕有的好書。正如他自己所說的，這書是給人類空前偉大的贈禮和最深邃的著作。

一八八六年尼采繼續寫《善與惡之外》（*Beyond Good and Evil*），在這裏，他駁斥近代文明的墮落，並認基督教理想實為奴性種族的產物。最後論及自主道德和奴隸道德的分別——尼采在此提出了一套特異的道德觀點。這書一出，立刻受到一位瑞士學者的攻擊，尼采在幾個星期之內就寫好了三篇論文為答辯。這些論文後來集成《道德的譜系》（*The Genealogy of Morals*）出版。

一八八七年他在尼斯（Nice）因誤解而失去了所有的好朋友，但在這裏最後得到了兩位特殊的讀者：著名的丹麥人布蘭德（Brandes），和法國史學家泰因（Taine）。泰因極力鼓勵他稱讚他，布蘭德則寫信告訴他將要講授「尼采哲學」，這在他的晚年，映射著幾線夕陽的迴光。

這時尼采的健康已直線下降，他自知死期不遠，乃奮力著述，計劃寫作《衝創意志》（*Will to Pozver*）和《一切價值的轉換》（*Versuch Einer Umzver Thungaller Werte*）。對於《一切價值的轉換》這本巨著，尼采準備寫成四部：一、反基督徒——對於基督教的批評。二、自由精神——對於虛無主義的批評。三、反道德家——對於世俗道德的批評。四、戴歐尼索士——闡述永恆迴歸的觀念。第一部〈反基督徒〉（"Tht Antichrist”）幾個星期就寫好了，其他三個部分還沒有動筆，尼采又著手寫《尼采對華格納》（*Nietzsche contra Wagner, Aktenstücke eines Psychologen*）和《看，這個人》——世界上最奇特的自傳。

一口氣寫下這麼多東西，尼采終因精力透支過度而倒塌下來。

一八八九年一月，尼采在士倫街上倒了下來，就在這瞬間，剛好一輛馬車擦身而過，他雙手抱著馬的頸子。之後他被帶回家去，當他意識恢復過來時，他還把當時的情形寫信告訴他的朋友。

老友歐佛貝克（Overbeck）趕來看他，決定把尼采帶回巴賽，在車上，尼采還哼著小調呢！

到了巴賽，尼采被送進病院。

在他病時，大部分的時間是溫和而愉快的，清醒時也可和人交談。有位醫生認為他可以治好尼采，如果能授與他對這位病人施以無限的威權。但這項建議為尼采的母親婉謝了，不久尼采被他母親帶回家去。

伊莉莎自從巴拉（Paraguay）圭趕回來。這時尼采之名已迅速傳遍世界，伊莉莎

白獲得了她哥哥所有著作的出版權，包括他給朋友的信件。母親去世後，她把尼采帶回威瑪（Weimar），三年後，一九〇〇年八月二十五日也死於這歌德殞世的城市。在他出殯時，輓聯上寫著：

「你的名字在後人心中是神聖的。」

尼采在自傳中卻這樣寫著：

> 我很怕將來有一天會有人稱我為神聖的：你可猜得到為何我要在死前拿出這本書；就是為了要防止別人對我的惡作劇，我不希望成為神聖的人，甚至於寧可做個怪物——也許我就是一個怪物。[8]

---

8 *Ecce Homo*, "Why I Am A Fatality?", 1.

《查拉圖斯特拉如是說》

在我夢中，在我昨晚的夢中，我立於天之涯，地之角，手持天平量這世界。

我的夢，一個勇猛的水手，半為輕舟，半為狂風，蝴蝶似的沈默，鷹隼似的急疾，今天有這耐性與餘暇來衡量這世界。

我的夢，多麼準確地衡量這世界——

彷彿一顆熟的蘋果自呈於我手中；一顆熟透的蘋果，世界這樣落到我的手中。

一 獨一無二的傑作

哲學家的著作中，多半是深奧而使人莫測，晦澀而令人乏味，正當我們有這種困惑的時候，尼采的《查拉圖斯特拉如是說》給我們帶來了一個明亮的感覺。他那高潔

的心靈所奏出的詩的音樂，迴盪著人間世上最幽深的和諧。在這裏，那華美的警句與有趣的譬喻中所流露出來的深沉思想，以及那燦爛的辯才與無窮變化的文體中所表現出來的活力，使你讀後會有一種興奮喘息之感！

《查拉圖斯特拉如是說》是一部象徵性的哲學詩，它是尼采創作力的巔峯表現。這裏面，沒有愚昧的祝詞，沒有呆板的論說，也沒有使人窒息的教條，你接近它，便會覺得有一股不可抗拒的提升力量貫注到你的血脈中。世界上從來沒有一部哲學著作是這樣的動人心弦，熱情的詩句匯成一道音樂的洪流簇擁著你，使你往前奔馳。可惜尼采沒有親眼見到人們對他的稱譽。關於這書，在他生前我們只能聽到他自己的讚語：

> 在我的著作中，《查拉圖斯特拉如是說》占了一個特殊的地位。我以這著作，送給人類作為空前偉大的贈禮。這本書，聲音響徹千古，它不僅是世界上最高邁的書，山頂雄風最真實的書——整個現象以及人類都遠在它的下面——而且也是最深邃的書，從最豐富的真理中產生；一個永不枯竭的泉源，滿載寶藏，放下汲

桶唾手可得。[9]

這部著作是世上獨一無二的，詩人們誠是不足掛齒，沒有一樣東西可以從如此充沛的力量中產生出來，對於戴歐尼索士的概念在這裏成為一種最高的行為，和他比起來，所有其他人類的行為都成為可憐而受限制的。即連歌德或莎士比亞，也不能在這種熱情與提升的強烈空氣中做一瞬間的呼吸；和查拉圖斯特拉比較，但丁(Dante)只不過是一個信仰者，而不是一個最先創造真理的人；吠陀（Vedic）詩人都是祭祀師，就是替查拉圖斯特拉解草鞋也不配——這些全是無關緊要的。

把所有偉大靈魂的精華聯合起來，也創造不出一段查拉圖斯特拉的談話來。他的上升和下降的階梯是無限的長……在他面前，沒有人知道什麼是高度、或深度；也沒有人知道什麼是真理。在查拉圖斯特拉面前，沒有智慧，沒有心靈的省察，也沒有語言的藝術，文句熱情洋溢，辯才化為音樂。……看！查拉圖斯特拉怎樣下山去！他如何向大家說話！看！他對他的敵對者——教士們是如何地親

9 *Ecce Homo*, "Preface."

切！在這兒，每一瞬間，人都是被超越的，「超人」的觀念成為最大的真實——任何曾經被人認為偉大的東西，都遠在他的下面，不可測量的距離。[10]

斯賓諾莎（Spinoza）曾說過：「我不知道我的哲學是不是最好的，但我知道那是真實的。」如果問尼采，他一定會說：「我知道我的哲學是最真實的，而且也是最好的。」了解《查拉圖斯特拉如是說》的人，便會覺得尼采實在狂得可愛。

二　生命價值的高揚

尼采藉一個理想中的人——查拉圖斯特拉——來宣說他自己的思想，他自身的代言人。這部書全是用散文詩寫成的，語言運用之妙，確是達到了巔峯的境界。現在暫且停止讚美吧！讓我們看看查拉圖斯特拉究竟說了些什麼話。

書的前言，是一篇結構極為完美的寓言：三十歲的查拉圖斯特拉剛一出現，便離開家鄉隱逸山林。山林的生活過了十年之久，有一天大清早起來，忽然心血來潮，對太陽如是說：

> 偉大的星球，如果沒有你所照耀的人們，你的快樂何在呢？

查拉圖斯特拉以太陽自喻，他的理想是需要貫注於世的，所以他說了這一些話，便逕自下山了。在山底下他遇見了一位虔誠的聖者，交談一番之後，查拉圖斯特拉遂宣布上帝的死亡，並向世人宣稱超人的誕生，然而世人卻「沒有聽查拉圖斯特拉的耳朵」，他們寧願要「最後的人（The last man）」。這時，聚集在市場上的人群卻不理會查拉圖斯特拉，而圍觀馬戲團的走索者表演——尼采在這裏以喧囂的市場譬喻著嘈雜的人生，以走繩象徵著人生的過程——走索人一時失神摔了下來，市場上的人群便如暴風雨中的海水，四處閃避，只有查拉圖斯特拉站在那人旁邊。

10 *Ecce Homo*, "Thus Spake Zarathustra,"6.

垂死者遲疑地望著他。終於說：「……我豈不像個動物一般——受鞭笞與薄酬而被教以舞蹈。」

「不」，查拉圖斯特拉說：「以危險為職業，這並沒有什麼可蔑視的。現在你因職業而喪身，因此我將親手來埋葬你。」

於是查拉圖斯特拉背負著死者離開這城市，夜宿於深林中。翌日清晨，他忽然醒悟過來，便暗自說：「一線光啟示了我：我需要伴侶——是活的，不是死人和僵屍。僵屍可由我隨意搬運。我需要的同伴，他隨同我，因為他們跟隨自己。」由是，查拉圖斯特拉開始尋找他的「共同的創造者」。

前言之後，全書分為四個部分，均由短篇的警句組成。第一部分的第一篇〈精神三變〉是表明尼采哲學的一個價值架構。以下接著便斷斷續續地批評世俗的道德、宗教、政治……等等問題。每一篇首尾並不一貫，甚至於每一段話也並不一定緊連著，乍看起來，似是雜亂無章，支離破碎，恰像「醉漢囈語」。但事實上如從整個思想的系統看來，仍不難找出其中的線索。尼采曾自豪他的格言像一座座的高峯，因此思想脈絡的整理，解釋者便要特別費心了。在這裏，我們無妨試試從散列的書中把查拉圖斯特拉的說話較有系統地徵引幾則，以窺其全貌。

看，查拉圖斯特拉出現了！他發出雄獅般的吼聲：

> 我教他們推倒那古老的講壇以及老朽的座位；我教他們嘲笑他們的道德大師、聖人、詩人以及救世者。
>
> 我教他們嘲笑那陰鬱的智者，和呆坐在「生命之樹」的嚇鳥者。
>
> 我自己坐在他們的墓上，站在屍骸與兀鷹之旁——我笑他們一切已成的過去，及其腐朽頹廢的光榮。[11]
>
> 兄弟們啊！難道我很殘忍嗎？但我說：凡是墮落的，都應該推倒！
>
> 今日的一切——墮落了，頹敗了，有誰願意保持它！但我——我還要推倒它。[12]

11 *Thus Spake Zarathustra*, Third Part, "Old and New Tables," 2. Translated by Thomas Common.

12 Ibid, Third Part, "Old and New Tables," 20.

「今日的一切都墮落了」，「凡是墮落的，都應該推倒」！那麼他推倒些什麼呢？首先，他便把自古以來被人視為最完美而最神聖的上帝從天國的寶座上推下來：

> 如果有神，我怎能無神而支持下去呢！因此沒有神。
>
> 上帝是一種預測，但我希望你的預測不超出你創造的意志。[13]

如果說神創造一切，那麼人類豈不都變成了只靠施捨的懶蟲！就像那些教士，成天無所事事地跪拜祈禱。

> 最近我還看到他們在早上邁著勇猛的腳步跑出，但他們的知識之腳步疲倦了，於是都詛咒晨間的勇猛。
>
> 誠然他們之中也有許多人像舞蹈者那樣舉起腳步，我的智慧的笑便向他們耍眼——於是他們自己沉思著。剛剛我又看到他們卑伏地爬向十字架。[14]

我們既然是個人，便要活得像個人的樣子，何必學著四肢落地的動物般地卑伏著呢？站起來！「離開奴隸的幸福！」查拉圖斯特拉像雷鳴似地呵喝著，這呵喝，把沉睡中的阿芙蓉式的道德驚醒了，看！查拉圖斯特拉又向世俗的道德挑戰了。世俗的道德是以基督教神學為基礎的道德，它造就人們的「謙卑」與「馴服」的劣性。

> 道德在於他們便是使人謙卑與馴服，以此，他們使狼化為犬，人便成為最好的家禽了。[15]

固有道德都是訓示人們要「謙卑」，要「馴服」，如此，把人人都變成了容易指使的「家禽」了，查拉圖斯特拉卻卑視這種奴性的「弱者道德」，同時他也嘲笑同情與憐憫：

---

13 *Thus Spake Zarathustra*, Second Part, "In the Happy Isles."
14 Ibid, Third Part, "The Apostates."
15 Ibid, Third Part, "The Bedwarfing Virtue."

同情造成了一切自由心靈的沉悶空氣。16

拯救不幸的難人，不是你的同情，而是你的勇往。17

在山間多陽光的地方，我嘲笑一切同情，而且歌唱著。18

基督教造成了弱者的道德，不僅包含了謙卑、馴服的劣性，也形成了復仇、嫉妒的惡習，在〈道德者〉一篇中，尼采對於道學者施以強烈的攻擊：

人們應該用雷聲向怠惰與沉睡的意識說話。

但美的音響是輕柔的：它只向最清醒的心靈訴語。

今天我輕輕地抖抖我的盔甲，而且笑笑；這是美的震顫，與美的神聖的笑。

你們這些道學者！我的美今天笑你們。美的聲音向我如是說：「他們還需要報酬呢！」

你們還要報酬！你們這些道學者！為道德而求酬報，為大地而求天國，為你們的今天而求永久的酬報？

呀！那是我的悲哀：他們在事物的根基上暗暗灌輸了賞和罰——如今甚至於灌輸到你們的心靈內，你們這些道學者！

但是我的話如同野豬的嘴，掀開你們心靈的根基：你們將稱我為犁頭。

你們內心的一切隱祕將帶到光亮處；當你曝露在陽光下，掀開來，撕破來，那麼真理也將和你們的謊言分家。

這就是你們的真理：這些字對你們是太純潔了：復仇、懲罰、報償、酬勞。

……

對於某些人，道德是鞭笞下的痙攣，你們也聽到太多的這種哀號。

有些人以他們的罪惡漸漸衰退而宣稱為美德；當他們的憎恨與嫉妒鬆弛了手足，他們的正義活動起來，揉揉睡眼。

另有些人被拖下去：他們的邪惡拖著他們。但他們越往下沉，他們的眼睛便越

16 *Thus Spake Zarathustra*, Third Part, "The Return Hame."
17 Ibid, First Part, "War and Warriors."
18 Ibid, Third Part, "On the Olive-mount."

般切地祈求他們的上帝。

還有些人沉重且輾軋而來，如同滿載石子的卡車下山坡，他們談論著許多道德和神聖——他們稱他們的制動機為美德。

有種人像時鐘；他們滴答滴答作響，要人們稱這「滴答」的擺聲為道德。

有種人驕傲於他們少許的正義，為這少許的正義而施暴於萬物——因而世界陷溺於他們的無道之中。

他們只是想藉他們的道德挖刮其仇敵之眼，他們高舉自己，僅僅是為了壓低別人。

還有一種人，他們坐在自己的泥沼裏，從蘆葦中傳出話：「道德——道德仍坐在泥沼中。」

另有些人好作姿態，便以為道德是某種姿態。他們的膝常膜拜，他們的手常是道德的讚頌，他們的心中卻什麼也不知道。

還有些人，認為這樣說便是道德：「道德是必需的」，但最後他們只相信警察才是必需的。

我從你們之中揭開了百種論調，取走了你最心愛的道德玩具，如今你們氣惱我，如兒童之氣惱。他們在海濱遊玩，一個浪捲來，將他們的玩具捲到深處：他們便哭泣，但相同的浪將帶來新的玩具，而留下新的彩色的貝殼給他們。[19]

查拉圖斯特拉的思想，如一陣狂浪，捲走了這些卑劣的陳腐道德，但是相同的一個浪潮，卻留下了「新的彩色的貝殼」——新的「強者的道德」，這道德便是一種反傳統反怯懦的道德。

> 我攀登，我攀登，我夢幻，我思想；然而一切壓迫著我。
>
> 但我內心卻有著某種東西，我稱它勇猛：它為我粉碎任何頹喪。
>
> 勇猛是最好的擊殺者——勇猛攻擊著：在每一個攻擊中都傳奏凱旋的樂聲。
>
> 人卻是最勇猛的動物：因此他超過了任何禽獸，人以凱旋的奏樂克服了任何痛

19 *Thus Spake Zarathustra*, Second Part, "The Virtuous."

苦；人類的痛苦卻是最深沉的痛苦。

勇猛同時也擊破了面臨懸崖邊緣的暈眩：人生何處不置身於懸崖的邊緣呢！

勇猛是最好的擊殺者，也擊破了同情。

勇猛是最好的擊殺者，勇猛攻擊著。甚至於將「死亡」本身也擊殺了，因為它說：「這就是生命嗎？好，再來一次！」

在這些語言中，便有凱旋的奏樂，有耳朵的人，請聽著吧！[20]

人應該是個「勇猛的動物」，具有「道德勇氣」的動物。然而「現代人」卻在受了虛妄的宗教文化與奴性的道德觀念之淤染，而漸成為柔弱的種性：

凡是柔弱的種性，凡是生於奴隸的種性，如今都成為一切人類命運的主人了！[21]

這些「人類命運的主人」，卻都是「市場上的蒼蠅」，在神聖的表皮下藏著可鄙的內容：

市場上滿是吱吱喳喳的小丑——羣眾稱頌他們為偉大的人！這些人便成為時代的主人。

時代壓迫著他們，於是他便轉而壓迫著你。

他們希望你唯唯否否，哎呀！你將在順與逆之間放置你的座椅？[22]

這些時代的主人，只知從事於「螻蟻的紛爭」，只知享受著「可憐的安逸」，這些人在尼采敏銳的眼光透視下，都是畸形的人物，他用一則故事來喻說：

有一天，查拉圖斯特拉走過大橋，一羣跛子和乞丐圍著他，一個駝子向他這樣說：

「……你可以使盲者復明、跛子奔跑；這是使跛子相信查拉圖斯特拉最好的辦

20 *Thus Spake Zarathustra*, Third Part, "The Vision and Eingma."

21 Ibid, Fourth Part, "The Higher Man,"3.

22 Ibid, First Part, "The Flies in the Market Place."

法！」

查拉圖斯特拉回說：「當一個人取去駝子的駝背，那麼也取了他的靈魂——人們這麼說的。當一個人使盲者復明，那麼他會看到地球上太多的壞事情；如果使跛子跑步，那對他是最大的損害；因為他的罪惡會和他一起奔跑。關於跛子，人們這麼說的。……

然而，這是我從羣眾中所看到的最小的事情：這人缺隻眼，那人少隻耳，另一人又斷條腿。

我看見過更糟的事，許多人一無所有——這些人，不外是一隻大眼睛，或一張大嘴巴，或一個大肚子，我稱這些人為顛倒的殘廢者。

人們告訴我，這大耳朵不僅是個人，而且還是個偉大的人！是個天才呢！」[23]

尼采常用寓言的體裁作為象徵性的譬喻。上文中，「一張大嘴」之類的描畫，便是一個很妙的象徵性的譏諷。

尼采之所以藉查拉圖斯特拉之口，評譏「現代人」以及那些泡沫般的「時代主人」，乃因深感於他們受一種墮落的文化價值所薰染，而這些墮落的文化價值，尤以世俗道德與迷妄的宗教為主，在此又形成他的反基督教與世俗道德的觀點。這就是為什麼我們讀他的作品時充滿著火辣辣的感覺了。

有誰必須在善與惡中成為創造者，誠然，他必先成為毀滅者，破壞價值。由是，至惡亦屬於至善，但這是創造的善。讓一切東西破碎吧，還有許多屋子得蓋起來。

尼采以鋒利的文筆向那些頹廢的文化價值挑戰，而後在廢墟中重新豎立起一套新的價值觀念——以強者的道德代替弱者的道德，以創造的超人代替空幻的上帝。

查拉圖斯特拉之要務在於闡揚生命的意義而重建其尊嚴，恢復健全的自我而發揮其潛能，以為創造中顯示人類高尚的價值。

23 *Thus Spake Zarathustra*, Second Part, "Redemption."

三　創作的經過

以上是根據尼采第一次寫完的三個部分之中引述出來的。每一部分他只費了十天左右的功夫，我們實在不容易找出恰當的字來形容他這份奇才。尤其是正當尼采經受長期的病痛、朋友的誤解，加上失戀的刺激之時，他卻能放下痛苦，在忍持中點化其高度的熱情形成一股創造的衝動，以產生這部舉世震撼的巨著。

《查拉圖斯特拉如是說》的基本概念形成於一八八一年八月。尼采自述著：

> 現在我願意告訴你有關我的「查拉圖斯特拉」的故事，它的基本概念是永遠回歸的觀念，為肯定的最高形式。一八八一・八，我急速地寫在一張紙頭上，並附筆：「遠離人類和時間六千英尺」。[24]

從「查拉圖斯特拉」的概念湧現以後，到他的寫作期間，一共孕涵了十八個月之久（一八八一年八月至一八八三年二月）。

一八八二年冬，病痛與困苦相熬，從前不正常的一切又侵擾著他，就在這種情景下，尼采創構了查拉圖斯特拉：

一八八二年冬至一八八三年，我住在美麗的拉帕洛（Rapello）小海灣，離熱那亞不遠。我的健康情形不太好；冬天寒冷而多雨；我住的小客棧是如此地靠近海水，夜裏我睡時常受干擾，這種情景確是很糟的，儘管如此，這好像說明了我的信念：生命中每樣事情的決定都來自重重的障礙。就在這個冬天和這不愉快的環境上，我的「查拉圖斯特拉」創生了。[25]

一八八三年三月初起稿，月中便完成了第一個部分，接著在羅馬過著一個慘淡的春天，據他日後的自述：「我只是苟活著——這已經不是容易的事了，這城市絕不適於《查拉圖斯特拉》的作者。」

24 *Ecce Homo*, "Thus Spake Zarathustra," 1.
25 Ibid.

六月底到瑞士，尼采發現高山的空氣很適合他，他的一切創造力又恢復了，「這夏天，發現我自己又在一個神聖的地方，在這裡，《查拉圖斯特拉》的第一個思想閃過我的心頭，我設想第二個部分，十天足夠了」。六月二十六日到七月六日完成《查拉圖斯特拉》第二部分。這時，我們不難想像得到他寫《查拉圖斯特拉》時常說到的狂歡神態；他如何翻山越谷而各種思想湧現在他的腦中，他怎樣在歸途後揮筆草寫於筆記本上，有時工作到午夜。

這年秋天，尼采離開恩格敦（Engadine），回德國住了幾個星期，冬天遊尼斯，那裡的氣候又激起了他的創作力，「冬天，在尼斯晴朗的天空下，我發現了第三個《查拉圖斯特拉》；我可以在山崗上走七八個小時，我睡得很好，笑得很好……」。在這樣的心情下，他寫下了《查拉圖斯特拉》第三部分（一八八四年一月）。

出版後售出四十本，贈出七本，只有一人告訴尼采已收到贈閱本，但沒人稱讚他。甚至於還有人埋怨他呢！

斯泰因博士（Dr. Heinrieh Von Stin）公開地埋怨我，他說他不能了解《查拉圖斯特拉》的一句話，我對他說，這是當然的事：只要了解這本書上的六個句子，就可出類拔萃，其高揚之處，遠非「現代人」所能達到。有了這種距離之感，我怎能希望這般「現代人」來讀我的書呢！[26]

曲高和寡。儘管如此，總不免有幾分落寞之感，第四部分的寫作遂中斷了。首稿要到一八八四年九月才寫成，經過一段長時間的停頓，一八八五年一月底至二月中之間在尼斯完成。

四　預兆

第四個部分（最後一部分）藉一個結構完整的故事以表達他的思想，大抵看來，每篇前後是相連接的，依循著一主題發展下來：

26 *Ecce Homo*, "Why I Write Such Excellent Books,"1.

查拉圖斯特拉在山洞，聽到外面一陣陣痛苦地呼喚——現代高等人地呼喚，查拉圖斯特拉終於下山尋找這些呼聲。於是，一路上，遇著了這一干人：

預言者　他悲觀地看到他周遭的衰敗與死亡的跡象，遂宣說著：「什麼都是一樣，沒有任何東西是有價值的，世界毫無意義。」

兩個國王　他們看透了那些粉飾著鍍金的與虛偽的羣眾，他們不願生活在子臣們的鑽營與諂媚中，於是決定放棄王座。

水蛭專家　現代的科學家，「客觀」的思想家，他以畢生精力研究水蛭腦部的構造。「水蛭的腦子——這就是我的世界！……我得清楚一件事，其他一切都不知道」。這是他的自白。

巫師　職業的政治家，他扮演著各種角色，欺騙大家，然而卻欺騙不了自己！「即令你赤裸裸地看醫生，你還是會掩飾自己的疾病」。查拉圖斯特拉揭開了他的隱祕，這時他只得供認出來：「啊！查拉圖斯特拉，我感到疲倦，我討厭自己的巫術，我原不偉大，為什麼我要假裝呢！」

最後的教皇　充滿著虔誠回憶和拜禱的退職者，無以自慰，因為上帝已死！

最醜陋的人　殺死上帝的兇手。他代表著人類經由人猿的長期進化過程中之悲哀與痛苦，他殺死了上帝，從同情者之羣中逃出來。

自願的乞丐　自羞於他的財富，遂逃入窮人中，布施著他的富足卻被拒絕，於是走入牛羣中，學習他們的反芻。

這些人——預言者、國王、水蛭專家、巫師、最後的教皇、最醜陋的人、自願的乞丐——都是現代所謂的高等人，但在尼采筆下卻含示著：

一、他們脫離羣眾，脫離人類本身，對於人類所感受到的真正的痛苦卻茫然無知，只是在那裏製造一些無關痛癢的閒話是非。

二、他們沒有特立的思想。早先，他們依賴著上帝，上帝如今已死，他們在思想上頓失依據，這時他們便不知不覺中找得了一個笨伯作為代替。原文是這樣的：當查拉圖斯特拉離開洞窟片刻，返回之後，發現這羣人跪在地下，把一頭驢子當作上帝焚

香敬拜起來。於是查拉圖斯特拉說話了：

「你們也許真是高等人，」查拉圖斯特拉說：「但是在我看來你們還不夠高超，也不夠堅強。……就算你們都屬於我吧！也不能為我的左右手。用了你們就會破壞我一切的勝利，你們之中，有些人一聽到我的鳴鼓之聲就倒了下來。……你們的肩上有許多積壓，許多回憶，許多惡意的侏儒盤據在你們的角落裏。你們之中，也帶著隱祕的流氓氣息。

就算你們是高尚的，屬於高尚的一類，你們內心中還有許多歪曲和畸形。世界上卻沒有一個鐵匠能夠為我把你們槌直。

你們只是橋樑；但願更高超的人從你們身上度過去！你們代表了階梯：因此不該怨怒那些超過你們而達到高處的人吧！

我在這山上不是等待你們最後一次下山去。你們的來臨只是一種預兆；預示著現在已經有更高尚的人在途中向我走過來。[27]

翌日清晨，查拉圖斯特拉從他的臥榻上跳起，束緊了腰帶，走出他的洞窟，強健且煥發，如旭日出自於黑暗的羣山中。

——全書到此結束。

五　查拉圖斯特拉的性格

尼采筆下查拉圖斯特拉的性格是很奇特的。他向羣眾宣說自己的道理時的那種模樣，和一般的「說教者」大異其趣，他不像古老的說教者那樣文縐縐而氣緩緩，滿臉道學味。相反地，他卻豪邁懾人：

> 我是急流邊的纜杆，抓住我吧，能抓住我的人！但我並不是你們的拐杖。

27 *Thus Spake Zarathustra*, Fourth Part, "The Sign."

他時而滔滔不絕勢如洪流，時而跌入沉思呆若木雞。我們還是看看原文的描述吧！

> 查拉圖斯特拉兀立如醉人，眼神朦朧，語焉不詳，足膝搖擺。有誰能猜透什麼思想正馳過查拉圖斯特拉的心靈呢？他的精神顯然是退避了，久已遁逸遠方，如記載上所說的。
>
> 至於高山之脊、大海之間，
>
> ——如垂垂之雲，飄遊於過去與未來之際。[28]

查拉圖斯特拉的思想，猶如羣飛的鴿子——躍著輕快的舞步，不時漫遊於道德與宗教的禁地之上；他的神態猶如酣笑的雄獅，內涵著無比的威嚴。

現在，我們再讀讀尼采自己對於查拉圖斯特拉性格的描述，以幫助我們進一步的了解：

為了了解查拉圖斯特拉的性格，你必先要很清楚地了解他強健的生理條件，一種我稱為「偉大的健康」的條件。我不能把這一意念，比我在《愉快的智慧》第五卷書最後一些格言上說得更為平易近人。那一頁這樣寫的：「我們新的、無名的、不可洞察的存在物，為尚未改造的未來，過早地出生了——我們需要新的手段去達到新的目標，我們需要一種新的健康，一種更堅強的、更敏銳的、更健壯的、更勇敢的、更快樂的健康。

凡是靈魂希求體驗以前的價值，並想在這一理想的地中海做一次周航，他們將從自己的深奧之經驗探索中，得知做一個理想的征服者與發現者是什麼樣的滋味——這樣，他們也將知道做一個藝術家、聖者、立法者、學者、虔敬的人以及古老的隱居者是什麼樣的滋味——這樣的人，先決地需要一件東西，就是『偉大的健康』——不僅只是靜態的健康，而是不斷地獲取與必須獲取，因為他要不斷地耗費他的健康，並且必須耗費它！

28 *Thus Spake Zarathustra*, Fouth Part, "The Drunken Song."

因此，現在我們理想的探索者們，我們既已在這路上走了這麼遠，我們的勇氣比我們的謹慎更大，而且常常更易受損傷，但我說，比平常人所能承認的更大的健康，不斷地康復。」[29]

「偉大的健康」是一種「更堅強的、更敏銳的、更健壯的、更勇敢的、更快樂的健康」；是一種動態的健康——不斷地增進健康，為的是要不斷地耗費它，健康的耗費不是一種毀滅，而是一種創造，為達到一種創造而消耗健康，因此健康需要繼續地恢復、繼續地增進，以為發揮另一個新的創造的動力。

查拉圖斯特拉有著如此「偉大的健康」，因此他經年長途跋涉，登高山以瞭望遠海：

> 當他走到山嶺的最高處，看啊！另一面的大海在他面前展開了。[30]

查拉圖斯特拉攀山越嶺，以鍛鍊體魄，而開闊胸襟。他也喜歡海洋，更喜歡海上的風暴：

> 及時站起來，我的兄弟，學著站穩來！海上風暴起了，許多人要賴你重新振作。
>
> 海上風暴作了，一切都在海裏。好吧！振作起來！你們老水手的雄心！什麼祖國！哪兒是我們的「兒童國」，我們的舵便向那兒！到那裡去吧，比暴風浪的海更奮勇，湧向我們偉大的遙情。[31]

生命之流是湍急的。查拉圖斯特拉鼓舞我們要培養一種「奮勇」的精神，以展拓狂瀾般的生命，以開拓新生的「兒童國」。這兒童國是創造者所宣稱的世界：

---

29 *Ecce Homo*, "Thus Spake Zarathustra,"2.

30 *Thus Spake Zarathustra*, Third Part, "The Wanderer."

31 Ibid, Third Part, "Old and New Tables,"28.

你們所宣稱的世界，只是你所創造的：由是可轉變為你們的理性，你們的印象，你們的意志，你們的愛！[32]

在這一個創造的世界中，你自己將成為主人，不必再做上帝的奴隸了，因為，上帝已經死了。

32 *Thus Spake Zarathustra*, Second Part, "In the Happy Isles."

上帝的死亡

尼采宣告上帝的死亡！乃是因為人們對於上帝的信仰已經消逝，而超自然的目的中之人生「意義」亦已經喪失了。如今，價值的意義應限於人的世界中。

「上帝死了」，乃意指基督教最高理想的幻影在人們心中已經幻滅或應予破滅。尼采所反對的上帝乃是基督教徒的上帝，尼采反對基督教乃因價值觀念的不同。他發明了兩個寓言：一是上帝因「憐憫」窒息而死的，一是天神因「妒嫉」而笑死的，從這裏也可看出尼采的否定上帝特別是居於道德價值的立場。

近代有許多哲學家和科學家對於宗教問題也提出疑義，但他們只是在知識領域內做認知活動時懷疑上帝的不存在而已。尼采之駁斥上帝的存在，則非出於理性的觀點，而是出於本能的觀點。並且進一步地指出其價值的意義：如果有了神，人類的惰性便會擴大，以至於逃避自我的種種責任。所以尼采力斥那些以虛構的價值體系來掩

飾真實世界的不完美，因此他也不受任何歷史傳統的替代物，以代替已推翻的上帝。他拋棄所謂「第一原因」或本質，特別反對近代自然的神聖化；他更不把上帝化成純粹的精靈或價值系統。同時，他也不相信自然的人性化、目的化和倫理化。因為這一切都足以構成虛妄價值信念的基因。

尼采要徹底地破除幻影，呼籲人類回歸於自己，重視自我，從赤裸的自我開始，而後逐步創建一個新價值的世界。

一 神祇的失落

上帝死了！怎樣死的？

尼采發明了兩個富有詩意的寓言，向世人發布他的死訊。

一說上帝「因過多的憐憫心窒息而死」：

……老年人（指老教皇）憂鬱地說：「我服侍那古老的上帝直至他最後的時辰

來到。但是現在我退職了，沒有了主子……我是最後的一個教皇——做了一個虔誠的回憶和神聖的禮拜。

那最虔敬的人，森林中的聖者——不斷地用歌詠讚頌上帝的，如今他也死了，當我找到他的茅屋，人已不在了，只有兩條狼，嗥啼著他的死。……

我要尋找另外一個人，他是所有不信上帝的人們中最誠心者——我要尋找的人，便是查拉圖斯特拉。」

那老年人如是說，於是凝視著站在他面前的人；但查拉圖斯特拉卻握住老教皇的手……

我便是無神的查拉圖斯特拉，我說過這話：「有誰還比我更無神，使我樂於他的指導呢？」

查拉圖斯特拉如是說。……

「你曾服侍他（上帝）到臨終？」沉默了許久，查拉圖斯特拉深思地問：「你知道他如何死去的嗎？據人說，同情縊死了他，這是真的嗎？」

……「關於上帝，我比查拉圖斯特拉更清楚——

他是個隱匿的上帝，充滿了詭祕。

有人稱讚他為愛的上帝，然而對於愛的本身卻無高意。這上帝豈不也想做裁判官嗎？但是真正的愛者是超過賞與罰而愛的。

當他年輕的時候，這神來自東之晨洲，他嚴酷而好復仇，為自己建立了一所地獄，以娛其愛徒們。

但他終於老了，變成軟弱，而且愛好憐憫，不像一位天父，卻像一個祖父，更像一個震顫的老祖母。

於是他坐在屋角的火爐邊，憔悴地，憂愁著他那軟弱的腿，意志衰頹，倦於世間，有一天，遂因過多的憐憫心窒息而死。」

「老教皇，」查拉圖斯特拉在這裏插嘴說：「你親眼看到的嗎？很可能是這種下場，同時也還有其他的情形，天神的死，有各種不同的死法。」[33]

「天神的死，有各種不同的死法」。另一說是笑死的：

古老的神早就完了；真的，他們有過美好而快樂的結局。

他們並不是在朦朧「暮薄」時纏繞於死亡邊緣的——雖然這謊言如此流傳著。反之，有一次他們是笑死的。

那事是當一位神說出了最不像神的話時發生的。那話是：「只有一個神，在我面前你不應該有其他的神！」

這是個年老的，滿臉鬍鬚的神，一個嫉妒者，便這樣忘記了他自己。於是所有的神都大笑起來，搖晃於座椅上，叫喊著：「只有許多神而無獨尊的神，不正是神道嗎？」

有耳朵的人，請聽著！[34]

上面兩則寓言——即上帝因憐憫心而窒息以及因嫉妒心而笑死，從這裏可看出尼采之否定上帝，乃在於道德價值的名稱下行使著的。說得清楚一點，尼采之所以宣稱上帝（God）的死亡，不僅在於宗教的領域內，特別是居於道德的立場。而且歷代形

33 *Thus Spake Zarathustra*, Fourth Part, "Out of Service,"Thomas Common英譯。

34 Ibid, Third Part, "The Apostates,"2.

上學家均以上帝為價值表格上的最高理想；在哲學的觀點上他也加以反對。尼采的思想，實乃對於西洋文明的一個強烈的反抗。

理想的上帝早已破滅。只是人們懵然不覺罷了！尼采卻藉一狂人的故事把這消息傳播出來：

狂人，你聽到那狂人嗎？大清早就提了個燈籠跑進市場，不住地嚷著：「我尋找上帝！我尋找上帝！」那裏站著許多人，他們也不信神，他的話引起了一陣狂笑。

為什麼不見了？有個人問說。

他像小孩迷失了路嗎？另一個人問。

或是他隱藏起來。他怕我們嗎？他是否航行遠去？遷移他處？——由是他們喧笑著。

那狂人跳到他們中間，眈視著他們。「上帝何在？」他叫喊著：「我告訴你！我們殺了他——你和我！我們全是他的謀殺者！然而我們怎能做這樁事？我們怎能把海水吸起？當我們使這地球脫離它的太陽時，我們該怎麼辦？如今它向何處運轉？如今我們向何處前行？……我們感覺不到空的空間的氣息嗎？豈非變得更冷嗎？……上帝死了！上帝死了！我們殺死了他！」……

那狂人沉靜下來，望望他的聽者：他們也沉靜下來，望望他……「我來得過早」，於是他說：「我的時間還沒有來到。這件可怕的大事尚在途中……還沒有到達人們耳裏。」[35]

尼采的預言，視自己如一個瘋子：喪失上帝導致意識的狂亂；當人類的意志發現上帝的失落時，普遍的瘋狂即將發生。這樁可怕的事，如一陣雷雲懸在尼采的思維中。

我們對上帝的信念破滅了，神聖失落，價值破產，所遺留的，只是空虛……。

這種情況是怎樣演變來的？讓我們且回頭追溯一下。

---

35 *Joyful Wisdom*, 125.

二　反神學的先聲

在主教僧侶管轄下的中世紀裏，人們的思維被封閉在教會內，真理埋藏於《聖經》中，而學者們則停滯在推論式的學說上。文藝復興像一個沉睡中被綑縛的巨人，一朝醒轉，掙斷了繩索向世界宣傲他的力量，逼使宗教的地位從知識的領域中撤退了出來。

「神創造天地」，《聖經》上開頭的第一句話就被科學家證明為謬說；地質學家〔如英國詹姆斯．赫頓（J. Hutton）〕證實了地層的構造乃是經過億萬年長期變化的結果；膽怯的教父們，在震顫的憤怒聲中拒絕了天文學家的望遠鏡，哥白尼（Copernicus）的發明使偉大的地球變得渺小。這可驚慌了教會的守舊派，如果太陽是行星軌道的中心，如果地球運行不輟，那麼，約西亞（Joshua）並未曾表現奇蹟，《聖經》記載有誤，教會的可靠性便動搖了。假設公然蔑視亞里斯多德，確認宇宙為無限，豈不就等於否認了宇宙外的天堂！否認了事物的超然程序！並且也否認了一個高高在上的神！

西洋近代的思想史，實是一部宗教解放的歷史。在科學家們的理性之光照射下，古老的神祇們漸漸地消聲匿跡；教條衰微，神蹟幻滅……雖然教父們在宗教裁判所的座席上厲聲地使用各種酷刑，然而頹勢是無法挽回的！

一八五九年《物種起源》（*On the Origin of Species*）一書，把舊世界的舊信念擊得粉碎，一位值得驕傲的英國人向全世界提出了一個駭人的大題目：「人是否由進化而來？」達爾文努力打破物種不變之說，英勇地宣稱人類祖先的種屬，而《舊約》明明記載著上帝「照自己的形像造人」，那麼我們豈敢推想上帝乃是一隻跳躍的猿猴？尊嚴掃地，莫此為甚！然而教士們的怒吼與抗議，仍然不能阻止人們對於事實的探究。

牧師說：「信仰是不能懷疑的。」但近代人卻偏偏喜好懷疑。打從笛卡兒（Descartes）開始，他高呼著「一切都可懷疑」，他由懷疑入手，而建立心物孤立的二元系統，最後必須證明上帝之實質存在為共通基礎，以使含攝其他存在（這第三系統的形上學之建立，實為人窮呼天之法）。斯賓諾莎被除名，而終以泛神論解釋宇宙。康德的出發點不僅推翻了上帝的證明，而且推翻基督教形上學的基礎，但旋即回

頭「假設」神與靈魂不朽，為費希特和理想主義舖下條路。其後叔本華力斥基督教，然而卻從佛教思想中接受了奧義書（Upanisad）的形上學。從上面我們粗枝大葉地看來，各家對於宗教的疑義態度都顯得猶豫不決，他們在建構一個思想體系時，往往喜歡在宗教信仰的習慣源流中（或在那「形上學要求」的傳統勢力下）做哲學思考，到最後總要搬出一個所謂最高的主宰以為憑藉，好使他們的理論系統達於圓滿的境地，但我們要了解他們挖空心思最後所肯定的造物主，乃是最終實在的形上學的構想，這和基督教所供奉的神，在意義上是不盡同的。他們反對流俗的信仰，但對宗教則多保持尊敬的態度，然而他們仍不免遭當時人士所抨擊，由於康德大膽地指出理論神學的不可靠，並且把宗教不客氣地限於道德的信念上，結果引起了全德國正統派的非議。斯賓諾莎則被宣讀咒文逐出教會。

另一些哲學家就更為果決。當大家都認為神的觀念是先天的時候，洛克（Locke）卻毅然宣布：除感官所得的經驗外，「人心是空無所有的」。休謨（Hume）進一步猛力攻擊超自然信仰，認為除了思維作用之外，根本沒有什麼靈魂在操縱我們，赫爾伯特（Herbert）和狄德羅（Diderot）也努力找出所謂「奇蹟」的起因，以圖破除愚昧的迷信——上帝的觀念是由於人類的無知和恐懼心所造成的（接著人類的幻想、熱心、欺騙把它加以裝飾和歪曲，人類的懦弱對它表示崇拜，輕信使它保留）；宇宙除了「原子和空間」之外，並無別的東西了；靈魂可能只是一種實物，在人體解剖圖上實在找不出它的位置；天國不過是一種幻想罷了！那麼上帝也只是一個玄想的偶像而已。這樣一來，無異於向世人宣告了他的死亡。

三 上帝死亡的意義

「上帝死亡」，在尼采哲學中這有兩種含意：

一、上帝的死，與其說尼采是劊子手，不如說他是傳信者。在古老的時代中，人們把奇異而無法解答的問題，都推交給一個假想的大名詞——上帝。由是，他隱藏著種種謎意的事物於一身，所以尼采說：「他是個隱匿的上帝，充滿了詭祕。」這古老的上帝，抱著無數的疑難問題隱匿起來，詭祕而神聖地隱匿了幾千年。現在，思想家們努力地把種種古老的疑惑拖出來予以解答，以此，減少了他的神祕性，也因之減少

了他的存在性。時至如今，上帝的神祕性與存在性幾近於零，尼采以敏銳的眼光對於「歷史文化的事實」作了一番診斷，結果發現出這一古老的信念已被近代科學家和哲學家所破滅。

破滅的過程——死亡的經過——是這樣的：在古老教會的「啟示神學（Revealed Theology）」中，以上帝為創造者與救世主，認定人類的一切理智、願望、以及情感都需要上帝滿足；到了近代，這種信念首先被「理性的神學（Rational Theology）」所替代，認為人只需要上帝來幫助他思考和認知必然性；接著，「道德的神學（Moral Theology）」又取代了理性的神學，認為人的求知無需上帝的幫助，但仍需上帝助其德行而使其生活幸福；最後，「浪漫的神學（Romantic Theology）」出現，認為人類無論在認知確切性以及行為道德化各方面，都無需上帝的幫助。

從這種過程看來，無所不包的上帝在節節撤退中——基督教的宇宙論最先被指證出為一寓言，跟著起源歷史也被揭穿為一無稽的傳說，這時的上帝，已渺然無蹤，尼采遂宣告他的存在的終了。但這件大事「尚在途中」，「還沒有到達人們的耳朵裏」，尼采卻搶先向人發布上帝已死的訃聞。

二、雖然，基督教在理論基礎上，一寸寸地崩塌下來，但是他們在節節的敗退中最後還堅守住「倫理」的堡壘。我們經常可以聽到一個教徒在他的神學論調被駁倒時，便會說這樣的話作為掩護：「信教畢竟是件德行的事嘛！」殊不知在基督教最完美的時期，卻有慘無人道的宗教裁判所、殺人如麻的十字軍，這些都表明了用血來寫教義的殘酷性，而教義中地獄的信仰，更是一種不道德的信念。

如果基督教的道德被一種更高尚的理想所壓倒，如果基督教的理想已失去了它的光彩，而趨於衰微，那麼它的弊病便將導致於死亡的境地。尼采，便給予致命傷的打擊。他指出基督教是弱者的避難所，由基督教的信仰所產生的一套道德律，則為弱者的護身符。因而基督教乃被稱為「憐憫的宗教」，憐憫實含有「乞援」之意。這種宗教的道德價值，將使人委靡不振，因此尼采力倡人類在追求真理、幸福、以及善意中，都是自我肯定的。上帝的影像是多餘的；有了他，不僅阻礙了人類的創造發展，也削減了人類的存在價值。

「上帝」是宗教思想以及傳統思想的最高價值標準，尼采之否定上帝，乃在於道德價值（Moral Value）的名稱下。從前人類由於道德判斷而屈服於上帝，道德是上帝

最高表現的一面，人類應在開始重建以前，予以破除，上帝不再存在，並且不再對我們的存在負責任，人類必須依自己的決意而行動，而收穫！

上帝的寶座推翻後，人類才能發揮自己的責任感來建立正義與秩序，人們應以最大的努力來創造，以握取人類自身的主宰權。

依此，上帝的死，我們也可說尼采具有主動的行為。

「上帝死了」，「我們殺死了他——你和我——我們全是他的謀殺者！」這不是件罪行，這是我們承負責任的表現。

四　人類的自決

對於人生，尼采滿懷著責任感，而神學家們卻只知利用人性的弱點宣傳教義，尼采遂以「擊劍家的文筆」向來生論者和死亡的說教者宣戰：

苦痛與虛弱——造成了一切來生論。

他們疲憊於一切，一種可憐無知的疲憊，不願再期望於其他的了，就想一躍到終點——想拚命一躍——這便造成了一切神和鬼的世界。

那些人由於肉體的絕望，便想以沉迷的精神旨掌向盡頭的壁上摸索。他們的頭想伸出那盡頭牆壁而越入「另一世界」中，但「那世界」隱匿遁跡，那無人的、非人的世界，實即是天上的「虛空」。[36]

尼采指出「另一世界」只是失意者的幻影，惟有病人和病態者才發明所謂天國與贖罪的血滴。他們想從悲慘中求逃脫，於是他們嘆息著：「啊！假想有一條天堂之路！溜進另一個生存與幸福中。」就這樣，他們為自己努力幻想出一個美妙的圖影，多彩的煙雲，而沉醉於其間。但是：

在肉體與地球之外而幻想自己超脫的人們，他們的狂歡與痙攣應歸功於誰呢？

36 *Thus Spake Zarathustra*, First Part, "Backworldsmen."

因此尼采勸告人們不要徘徊於上帝的墓前，「不再埋頭於天上事物的沙灘中，擡起頭來——為大地創造意義！」努力做一個超越者，為自己創造出更高貴的軀體！肯定大地，別盼望死亡後的天國。那些死亡的說教者，他們樂於死，還勸別人也厭棄生命，這實在比食肉獸還要可怕，他們除了自我毀棄之外，不作別的選擇。他們更揑造「永生」的故事以誘人解脫自我：

這些精神的耗費者，盼望倦怠與廢棄的教理，當他死滅時，也難以再生。但我們亦不必喚醒這些「活棺材」！他們遇到一個廢人或老者，或一具屍體——他們就立刻唉聲嘆氣：「生命是無意義的。」

他的眼睛只看到生存的一面，遂自隱於深沉的憂鬱中。37

尼采對於傳教士的非難，他使用了高度文字技巧的情感語言：

他們是烙印的人。他們所謂的救世主束縛了他們：束縛於虛偽的價值與虛幻的語言。

看，這些教士們建造屋子，只不過是為了自己的居住。

教堂，他們稱為芬芳的窟穴，

啊！那虛幻的光！那汙濁的空氣！在那兒，靈魂不會飛向高處。

由是他們信條教喻著：「跪下來，爬上階梯，你們這些罪人！」……

誰為他們建造這窟穴與懺悔的階梯呢？豈不是那些希圖隱藏自己的人，他們羞於站在清朗的天空之前。……

他們不知道如何愛他們的上帝，除了把人釘在十字架上。

他們以為生活如死屍……

這些救世主的精神是由缺陷造成；但在每一個缺陷中，他們充塞以幻想，他們所填補的缺陷，遂稱為「上帝」。

37 *Thus Spake Zarathustra*, First Part, "The Preachers of Death."

他們的精神陷於同情中；當他們被同情所吞沒，則往往浮起一個大傻瓜。

他們的途程上以血為標記，而他們的愚蠢教人用血來證明真理。

但血是真理最壞的證明；血液汙染了最純潔的教理，使它轉化為謬妄與心中的憎惡。[38]

「血是真理最壞的證明」，信徒們不僅沒有執行耶穌的任務，反而將「山上之訓誨」的簡單道理歪曲成一種乖違情理的教條，「教人用血來證明真理」。許多傳教士自稱生活在上帝所管轄的範圍內，其實他們卻掌握「啟示」的祕方作為糧票，而在實際生活中優遊移於人類的生活水準之上！

以此，當我們在禮拜日聽到鐘聲時，我們便不免自問：這是可能的嗎？一個天神，與塵世婦人生子；一個智者，叫人停止工作，拋棄法庭，卻要注意當前世界末日的徵象；一種正義，要將無罪者代作犧牲；一個說教者，叫他的徒眾飲他自己的血；對於奇蹟的祈求；十字架的形象當作一個時代的象徵；期望一個來世，便是那世界的門——這一切是多麼的令人難以置信！

神學家製造原罪的觀念，即是利用人類病態的自棄情感——教人蔑視自我，良心自責；他們願望人在本性上有罪惡，使人猜疑其自性，於是漸漸感覺著在這罪孽的重擔所壓迫下的生活中，必需有一種超自然的巨力，將他這沉重的負擔移開來，而後使人們的每項行動都得依循於神的戒律中，這種依順的習慣遂養成責任感的推卸，這樣一來人們可以沒有任何意志與情感的煩惱；而每當完成一項行為之後，便沒有責任的心情。如此，自然不會產生追悔的苦痛，且可使人類獲得一份安全感，但這種惰性和依賴性便縮限了人類自身活動的能力與範圍。人類之自覺渺小，實是因為將責任感移交給上帝的緣故，有了上帝，反而削減了人類的尊嚴與價值。

基督教多餘地在人與世界之間假設另一個上帝的領域以為聯繫。尼采則力圖破滅這一重幻影，以使人類直接投射於世界，呈現其本身，發揮其至性，而世界亦反映出人類的價值。

我們應了解每個人的一舉手一投足均非上帝的意志，人類生存的意義無需假想一

38 *Thus Spake Zarathustra*, Second Part, "The Priests."

個上帝來肯定，信仰的範圍亦不能交給一個不可知的上帝去管轄。人類的活動與客觀的存在都可由人類自己的意識作用與認知活動去體驗、去了解、去肯定！

孤獨

我飛向未來，飛得太遠了：恐怖攫取住我。
當我張望四周，看！時間是我唯一的伴侶。

——《查拉圖斯特拉如是說》

一 強者的孤獨

哲學家多半是孤獨的，而尼采更是孤獨中的孤獨者。

孤獨的類型很多，大致可分為強者的孤獨與弱者的孤獨兩種。

如果一個人的存在只是周遭配景的一部分，其價值端賴於外在的肯定。當這一切導自於他人的讚揚與撫慰的熱源一旦消失時，他便會深深地感到一種被社羣遺棄的孤

獨，於是他便會情不自禁地詛咒人世的淒涼、人生的寂寞。我們常常聽到人們哀嘆「生命沒有意義」，其實更恰當的應是「『我』沒有意義」，因為既然「我」的意義是依靠別人的施捨，如施捨終斷，便感寂寞無以自持——這是由弱者而來的孤獨。

然而，當你做自己的主人時，你便擁有一個自足而毋須粉飾的天地，你存在的價值不必依恃著上帝、羣眾或情人，你能自我主宰、自我發揮，你無視於大千世界的誘惑，無覺於外在世界的紛擾，處事而不為事所困，入世而不為世所累，那麼你是獨一的，不假外求的，在創造中不斷地提煉你自己，在每一步的提煉中，經純化而脫塵，經昇華而超越，最後達到一種曠漠冷定的境界——這便是「強者」的孤獨。

尼采在生活上所經歷的，以及在著作中所表現的，即是這種強者的孤獨。

我們看他一生，在歐洲大陸上各處漂流，他過著流浪生活，踏著疲憊的步伐，到處尋求健康與同伴，到處尋求真理與生命。

尼采大部分的著作都是在旅途跋涉中完成的，他不時攀登山峯或獨步海邊，在步行中沉思構想，偶有所得即刻記錄下來，到了夜晚，面對一盞孤燈沉伏在桌案上，他長期忍受著因用腦過度的劇烈頭痛，但我們這位孤獨的哲學家，仍然不懈地以殘弱的軀體點燃著智慧之光，揮筆著述。然而在這種情形下產生的一部部嘔心瀝血的作品，卻未能贏得世人的絲毫了解，「孤獨像條鯨魚，吞噬著我」，這是尼采蒼涼的呼喊，發自心之深處的太息，但在孤寂中，他仍能掌握自信，把希望寄於未來：「我的時間尚未來到；有些人要死後才出生。」

為什麼沒有人欣賞他的作品呢？因為他的思想和世人距離得太遠了，「遠離人類和時間六千英尺」，當尼采獲得《查拉圖斯特拉》的靈感時，旋即在一張紙頭上寫著這樣的字。這時的尼采，就像一隻雄勁的蒼鷹，盤旋雲際，孤寄長空，傲物以遊心，俯視芸芸眾生，這種「不可測量」的距離之感，是多麼的孤高啊！

「孤獨有七重皮，任何東西都穿透不了它」，尼采——這「孤獨之狼」（Lonely Wolf）——那種孤傲的性格與孤高的氣質，時時於自覺與不自覺之中在他的筆下表現了出來：

> 凡是能呼吸我著作之氣息的人，他就會知道這是來自高處的氣息，它足以使人清醒振奮。一個人應當養成這種氣質，否則就會遭遇到寒風侵襲的危險。冰雪接

近了，孤獨是可怕的——[39]

尼采的思想裏一向奔馳著孤獨的暗流，尼采明知「孤獨是可怕的」，然而他卻終身沉浸在孤獨裏：

> 我仍要重歸於孤獨，獨與清朗的天空，孤臨開闊的海洋，周身繞以午後的陽光。[40]

尼采的思想離開世人太遠了，他的時代尚未來到，他必須暫時走向孤獨，在孤獨中充實自己。

二　兩層意境

要想做一個獨立的人，必先堅定你自己；要想堅定你自己，必先刷清你自己，於是尼采說：

> 刷清你自己——即使精神已自由的人也是必需的，還有許多禁忌與黴菌餘留在心中。[41]

許多的「禁忌與黴菌」結長在人心中，「願一陣暴風襲來，搖落這一切已被腐蝕的東西！」[42]

尼采在每一個「存在」的環節上找出頹敗的跡象，於是他毫不妥協地掃除思想上的桎梏與精神上的煙霧。所有的偶像、教條、規誡與禁忌，對於這一切的約束都投下神聖的否定，如狂風之掃雲翳，重現天日！使人類卸下偽裝的枷鎖，重新發現自己。

---

39 *Ecce Homo*, "Preface."
40 *Thus Spake Zarathustra*, Third Part. "Involuntary Bliss"
41 Ibid, First Part, "The Tree on the Hill."
42 Ibid, First Part, "Voluntary Death."

因為只有如此，我們的思想，才能像孤鷹翱翔於高空，我們的人格，才能像孤松挺拔於大地。

尼采的這種孤獨，是不同於古代文人以及現代梭羅式的隱逸山林，在大自然中享受著與世斷絕往來的幽靜生活。在他眼中，人生不是一個停滯的水潭，而是一個「跳躍奔進」的過程，因此他所關懷的是如何發揮人底潛能，向更高一層的理想爭取勝利。所以尼采的孤獨感在他的氣質上有兩層境界：最初是不願同流合汙而憤然獨遺其身的孤獨感；最後是在獨自創作中奮力向上超升而遠離人群的孤獨感。換言之，尼采因擁抱著一個企圖實現於未來的理想而生活，這種生活和渾渾噩噩的世俗生活相形之下，必然顯露出一種長不可及的距離。當他高舉遠瞻時，睨視下方，不禁為人群中的種種畸形跡象所震撼：

我在人群中行走，如同置身於人的廢軀殘體中，在我的眼中看來，這實在是件可怕的事：我發現人類處於廢墟中，如同零落於戰場或屠場上。

當我的眼光從現在退回到古往，所發現的同樣是：殘破，斷肢和可怕的偶然——其實寂然無人！[43]

尼采傲視古今，頗感「寂然無人」！當他懸著「超人」標幟的燈籠去照亮人們時，發覺當今社會卻充滿了光怪陸離的一羣——羣眾的偶像原來是個妖怪；道德君子其實是隻毒蒼蠅；學者的語言只是青蛙的聒噪——羣居於這一「雜碎堆」之中，迫使他離棄這一切虛妄價值的產物，而決然做一個孤獨的漫遊者：

> 我是個漫遊者，登高者，我不喜歡平原。
>
> 現在我必須面對著最艱難的路程！哎呀！我開始最孤獨的漫遊。

人生與知識，一如登高，不是平面蠕動，而是艱苦地朝上攀登：

---

43 *Thus Spake Zarathustra*, Second Part, "Redemption."

一個人必須學習從自己遠望開來，為著可看得更多的東西——任何登山者都需要這種堅忍。

你如希望洞察一切事物的根基與背景，那麼你必須向上攀登超過自己向上，升高到你的星光也在你的下面！[44]

在知識的重巒之間，尼采已攀登到巔峯，但是他卻越發孤獨了。但這種孤獨卻也別有一番的滋味，我們且聽聽他的歌唱：

在羣山中最短的距離是尖峯與尖峯之間，但這距離你必需有長腿才能跨過。

空氣稀薄而純潔，近於危險，但精神洋溢著歡欣的譏諷，這一切都彼此相融。

你向上探望，當你渴望高揚時；我向下睨視，因為我已攀登高處。

你們之中，誰能暢笑同時又能高揚？

爬上高山的人，嘲笑一切悲劇與悲劇的真相。[45]

「格言猶如尖峯」。尼采自比他的格言像高峯，常人難以「跨越」。他的思想雖然和世人有不可衡量的距離，但他仍希冀把自己的熱情與理想灌注於世：

孤獨者的歲月悠悠過去，他的智慧與時俱增，終於因著過多的智慧而感到痛苦。

我這般切的愛泛溢如洪流——下注於朝陽與落日：自寂靜的高山與痛苦的風雷之中，我的靈魂衝向谿谷。

從高崖傾注之流的激響：我將以我的言辭投向深谷。

讓我的慈愛之洪流灌注於荒蕪之處，奔流怎會最終找不著出海的河道呢？

誠然，我的心境止如平湖，隱僻而自足；但我的慈愛之流挾持而下，歸向於海。[46]

---

44 *Thus Spake Zarathustra*, First Part, "Reading and Writing."

45 Ibid, Third Part, "The Wanderer."

46 Ibid, Second Part, "The Child with the Mirror."

尼采認為，經過如此之熱情與理想潤育後的人生，就像一個壯闊充盈的大海，飽藏了「彩色的魚蝦」[47]。因此，我們從尼采憤世嫉俗的心情裏，找出他對這個世界所懷抱的熾熱希望，我們知道他仍是酷愛人生，熱愛世間的，因此他曾如此高歌：

世界如一座花園，展開在我的面前。[48]

花園有待墾闢，然後才能集結幽馨的蓓蕾，綻放燦爛的花朵。這是尼采對未來的一個展望。但是大地尚未解凍，這還是一個理想。在理想實現之前，他首先要做的事是斬斷世俗的捕捉，以求在孤獨中成長自己，在孤獨中走向創造之路：

孤獨者啊！走向你自己的途程！……走向創造者的路上！以你的愛與你的創造，走向你的孤獨吧！[49]

因此我們可以斷言，尼采的孤獨並不是逃避，而是剪除羈絆的藩籬，以便「走向你自己的途程！走向創造者的路上！」在孤獨中求創造，在創造中提升自我，以求奔向於超人的境地。

47 *Thus Spake Zarathustra*, Fourth and Last Part, "The Honey Sacrifice."
48 Ibid, Third Part, "The Convalescent."
49 Ibid, First Part, "The Way of the Creating One."

自我的提升——超人

中古宗教文化誤把人類視為「被創造物」，近代國家主義又將人類化為集團分子（Mass Man），而科學文明則更把人類變成機械人。在這種情形下，尼采提倡超人，便是要使人從這被羣體抹殺的狀態下提升出來，成為獨立的存在。同時，尼采有鑒於耶教文化在德行上將人類變成奴性的種屬，遂進一步呼籲人類從這世俗的善與惡的道德枷鎖下釋放出來。如此，復以自我為立腳點，力求創建，在創建中不斷地提升自我，以求在文化價值上有所成就。

一　大地的意義

從前人們說起上帝，當他們眺望遠海時；然而，現在我教你們說：超人。[50]

往昔，我們的願望被升高——升高到雲層中，在這上面放著「彩色的木偶」（Motley Puppets）而稱之為神。神，在這龕座上豈不是太輕巧了嗎？豈非空虛而不可及嗎？如今，尼采擊破了神的影子，喚醒人們：與其無所事事地向空中幻構一個天堂，不如堅苦踏實地在人世上建造一所樂園。勇往邁進的園丁們，不願再做空幻上帝的奴隸，要努力成為真實自我的主人了！

> 意志將我從上帝和諸神中引開；如果有了神，還有什麼可創造的！
>
> 我的熱烈的意志，重新迫使我走向人類：如鐵鎚之於石塊。
>
> 同胞們！石塊中臥著一個影像，我意象中的影像！呀！它臥在最堅固、最醜陋的石塊中！
>
> 於是我的鐵鎚猛烈地敲碎牠的囚牢，石塊中飛起碎片。
>
> 我要完成它：因為一個影像向我移來了！

50 *Thus Spake Zarathustra*, Second Part, "In the Happy Isles."

美麗的超人的影像向我移來，呀！同胞們，天神對我來說，算得了什麼！[51]

創造的超人代替了虛構的上帝，尼采呼籲大家不要相信那些宣說天國希望的人，要對大地守忠實，以此，尼采向世人宣稱超人的意義。

我教你們超人。人是一定要被超越的某種東西，你做過超越於人的事嗎？一切的東西都能從他自己的種類中創出較優越的來；你願意是個大潮中的退潮嗎？寧可返回禽獸而不超越人類嗎？

猿猴對人類來說是什麼呢？只是一個可笑的對象或痛苦的羞慚。這正是將來人類對於超人的情形一樣，一個可笑的對象或痛苦的羞慚。

你已經走過從蟲豸到人類的一段路程，但在你們的心中仍有許多蟲豸。從前你們曾是猿猴，即使現在人類縱然不是猿猴，然而人類卻仍有猿猴的遺跡。

即使你們之中最有智慧者，也不過是一個草木和幽靈的雜種而已。但我叫你們變成幽靈或草木嗎？聽啊！我教你們超人！

超人就是大地的意義（The Meaning of Earth. 人間世的意義）。讓你的意志說：超人應是大地的意義吧！

我的兄弟們！我極願你們對大地守忠實，不要相信那些對你們傳說來世希望的人，他們都是荼毒者，無論他們是自知或不自知。

他們是生命的侮蔑者，自甘頹廢與自我荼毒者，對於他們，地球厭倦了，快讓他們去罷！

從前把瀆神看做最大的褻瀆，但是現在神已經死了，這些褻瀆者也一同死去。如今最可怕的罪業是對於大地的不敬，這些褻瀆大地的人，把不可思議的靈魂高舉在土地的意義之上。

從前靈魂蔑視肉體，那時這種蔑視是最高尚的事：靈魂希望肉體瘠弱，慘白和飢餓。就這樣想從肉體和大地中跳開。

啊！那種靈魂自身都是瘠弱的，慘白和飢餓；殘酷就是那種靈魂的娛樂。

51 *Thus Spake Zarathustra*, Second Part, "In the Happy Isles."

可是我的兄弟，你們也得告訴我你們的肉體對於靈魂該怎麼說呢？你們的靈魂不也是貧弱、汙穢和可憐的自滿嗎？[52]

我願向肉體的蔑視者進一言。我願他們不再學習與傳教，只須向他們的肉體告別——由是沉默下去。

「我是肉體，也是靈魂」——小孩這麼說。為什麼不像小孩一樣這麼說？

覺醒者和智者說：「我完全是肉體，而心靈只是軀體中的某些名稱而已。」

肉體是個大理智，一義而多元。我的兄弟，你所謂的「靈魂」的小理智，便是你肉體的工具——你大理智的一種工具與玩具。[53]

天靈的思想支配人心已有幾千年之久，結果使人類愚昧懦弱而不可自拔，尼采乃力圖扭轉這蔽於天而不知人的惡習，曉喻人們別再妄想「天國」的奇蹟而重視「大地」的開拓，也無需執著空漠的「靈魂」而肯定實在的「肉體」。

「超人便是大地的意義」，所謂「大地的意義」具有兩層意涵；消極方面為反基督教的信仰與反科學的威權，積極方面要回到古希臘的自然主義。

尼采之所以在人類中高擎「超人」的旗幟，實因有感於現代人類的不可收拾的頹廢，尼采深究「現代人」頹廢之因，為受種種虛妄的文化價值薰染所致，由是尼采遂進一步從根追查而發現這些虛妄的文化價值乃出自於宗教，這是構成尼采反基督的最大動機。

尼采洞察過去宗教均為幻影，均為虛妄的神話，尤其是耶教原罪的束縛，使人人低估自己，使人人對自己的存在感到厭惡，而導致人類失去存在的真實性，所以尼采要徹底挽回這種偷惰的趨向，而使「新人」得以出現。我們從他的「精神三變」中就可看得出來——由駱駝堅忍負重的精神，一變而為獅子攫住主權的精神，在這種精神扭轉的過程中，藉著抗擊傳統主義，推翻迷妄宗教，而過渡到第三種精神——嬰兒的出現，也就是重新肯定現在、肯定自己，在恢復健康的本能中，逐漸形成創造的衝動，重賦生命以一種絕對的信念，並對價值系統予以重新估定。

尼采既已指出神權壓縮了人類活動的能限，甚至否定了生命存在的價值，也指出

52 *Thus Spake Zarathustra*, "Prologue,"3.
53 Ibid, First Part, "The despisers of the Body."

宗教的道德觀乃是建立在神學基礎之上的，這種道德早已失去了自主性，而成為奴性的標榜。所以尼采在推翻舊價值的呼籲中，超越了庸俗的善惡分野，而建立了「超善惡」的道德觀，這種新道德觀的建立是要重豎人類的尊嚴，發揮人類的創造性，使人成為他自己，主宰他自己——使人做道德的主人——而這種道德也就是尼采所謂的「主人的道德」（Master Morality）。

尼采在駁斥傳統的宗教與道德之餘，進而發現近代文明的種種缺陷，諸如軍國主義對人類所構成的危機，學制對獨立思考的摧殘，離棄人性的科學威權，以及由科學連帶產生的民主平等的集體獨裁，都將個體的自主潛能剝蝕無餘，在這種情勢下，尼采乃振臂高喊：

> 平等的說教者，是無能暴君的狂想，他在你們之中叫喊「平等」：你們這隱匿暴君的野心，矯飾於道德名詞之內。
>
> 人無需化為平等！
>
> 千百橋樑與階梯投向未來，其來有更多的競爭和不平等：我的大慈愛使我這麼

說。

善與惡，富與貧，貴與賤，以及一切的價值名詞——都將成為武器，凱旋的標誌，以表示生命必須一再重複超越它本身。

生命將要用柱石和階梯自建，以至於高處，他將遙望遠方，遙想賜福之美——因此他要高邁。

因他需要高邁，也就需要階梯以及不同的階梯和攀登者！生命將上升，上升地超越自己。[54]

這種超越，仍是以大地為基點，以自然為憑藉，像古希臘自然主義者，使健康的生命從這大自然中顯露出來，由現實生命的管領中使空泛的世界充滿生機。

54 *Thus Spake Zarathustra*, Second Part, "The Tarantulas."

二　超人的影像

「超人」二字，並非尼采所創。在德國，這字被繆勒（Heinrich Müller）、赫德爾（Herder）等人引用過，也曾出現在歌德的詩句和浮士德（*Faust*）的戲劇中，當然，到了尼采筆下這名詞才被賦以新的意義。

然而尼采除了說過「超人是大地的意思」之外，並未替超人下任何定義，尼采不愧為一傑出的生命哲學家，他了解生命是動態的，生命不是抽象的概念，也不是可以用「界說」來闡釋的。超人並不是一個具體的形像，因而也決非定義中的「物體」。

人生是個動態的過程，生命是一種永久的征服，在這不息的征服中，富有無限戰鬥的意味，而這戰鬥的對象就是「自己」——也就是停滯的或「被動的存在」。做一個超人，要能不斷地前進並且升越地推動自己，在這個不斷奮進的道路上，發展本身便是目的，這種發展——重現人的最高潛能及自我超越的意志——乃是最高自由的表現。

三　超人思想的淵源

一般人都把超人視為英雄崇拜，尼采在自傳中也有所駁正：他說超人這字，是說明一種人，他的外型有最好的命運，和「現代人」完全相反，和今天所謂的「好人」、基督徒以及其他的虛無主義者完全不同，並且也異於卡萊爾（Carlyle）的英雄崇拜。蓋卡萊爾是位史學家，他發現偉大人物創造歷史，社會依賴著英雄崇拜，沒有英雄，社會就成一片混亂。事實上尼采的超人對於社會不為工具的價值（Instrumental Value）：超人是自我評價的。依此，我們知道尼采之稱許拿破崙（Napoléon），並不在於這位時代寵兒之白骨堆成的皇座，也不在於他那攻城略地的武功，而西方學者卻多據此斷言尼采超人即是拿破崙馳騁疆場統帥萬軍的影子，事實上尼采所讚譽的拿破崙，也正如同黑格爾（Hegel）見到拿破崙時的讚語：「世界精神在馬背上。」[55]他那驚人潛能的發揮，以及不屈不撓的精神，給予人類的鼓舞，正如同貝多芬（Beethoven）和歌德。除此之外，尼采在文化價值上是否稱讚拿破崙，便顯而易見了。

超人思想的來源，有一種最流行的看法，認為是受達爾文物種進化之說的延伸。

其實這兩者是毫不相干的，因為達爾文所主張的，是認為人類生理的構造和猿猴為一大類，在猿猴演進史上，人類已成定型。而尼采的超人則全無生物學上的根據。達爾文所注重的，乃是人種的起源，而尼采所重視的，則為人類的未來。超人的立說，是基於文化價值，而非基於生物學的立場。

超人為尼采哲學的主旨，尼采自比他的哲學就像一把鐵鎚。在鐵鎚下，一切虛妄的東西將被粉碎；在鐵鎚下，超人的影像將被錘鍊出來。

> 石塊中臥著一個影像，我意象中的影像！呀，它臥在最堅固、最醜陋的石塊中！
>
> 於是我的鐵鎚猛烈地敲碎它的囚牢，石塊中飛起碎片。
>
> 我要完成它：因為一個影像向我移來了！
>
> 美麗的超人的影像向我移來……

在鐵鎚般的思考下，錘鍊出超人的影像，這影像即是尼采心中的希臘悲劇英雄戴歐尼索士。[56]

尼采的超人，乃是對於古希臘悲劇英雄的憧憬，希臘人深切地了解被投入世界後，生命充滿著荊棘，短暫而可惡，最後終不免於一死。但他們卻能挺起心胸，怡然忍受。復於飽嘗人世苦痛之中，積健為雄，且持雄奇悲壯的氣概，馳騁人世。如此以藝術的心靈征服可懼的事物，拓展狂瀾的生命，我們了解這種自強不息戡天役物的精神，才能把捉尼采超人的意涵。

---

55 Walter Kaufmann, *Nietzsche*.

56 *Ecce Homo*, "Why I Write Such Excellent Books"; *Thus Spake Zarathustra*, "A Book for All and None,"8.

自主的道德

一　基督教的道德觀

尼采以前，法國實證論者、德國社會主義者以及英國達爾文學派，都起來反對基督教的神學，但他們並不敢搖撼從這神學中產生來的道德觀念。百科全書派的學者們，雖然拆除了現代道德的神學基礎，但他們仍把這種道德遺留在半空中，不敢去冒犯它。到了十九世紀末期，尼采便不顧一切地摧毀那些陳舊的道德，以為未來的超人闢開一條坦途。

尼采的思想在現代大放異彩，就是由於他提出了一套嶄新而動人的價值觀，這套價值觀——尤其是道德價值——乃是基於反基督教的基礎之上的。

在尼采以前，基督教在形上學、起源歷史以及心理學各方面，都在理論上被推翻。但是說來也真奇怪，基督教卻仍然繼續存在，並且還像青葱的樹枝一般地繁茂！這是什麼緣故呢？尼采銳利的眼光，看出這些破除的工作並未接觸到基督教的要害，在他的自傳中曾經明白地指出來：

> 一直到現在，基督教的被攻擊只是在一種錯誤的方式下進行著，並不是說什麼方式的不同。只要基督教的道德不使人感覺到是違背生命的最大罪惡，那麼基督教的衛道者們便可安然渡過。僅僅討論基督教的真理——上帝的存在或起源的歷史——為傳說，認為基督教的天文學和自然科學的微不足道——這些完全是枝枝節節的事，如果基督教的道德價值不被討論到的話。[57]

從前，伏爾泰（Voltaire）、費爾巴哈（Feuerbach）、休謨、赫胥勒以及斯賓賽（Spencer）等人對於基督教的攻擊，採用歷史的和科學的路線，結果仍歸無效。於是

57 F. George Busmon Foster: Friedrich Nietzsche, New York, The Macmillan Company. 該書對於基督教方面的論述頗為精晰。

尼采乃轉移他的注意力，深察基督教在道德上的影響，探究憐憫道德的起因，以及對於人類所發生的效果。由是他發現基督教的那一套道德觀使世人倦怠不堪。這由基督教的基本觀念上可以看出來：

基督教第一個基本觀念是「罪」——生理的和道德的罪。牧師是生命價值的偽騙者，他們把自然的、本能的、以及原始的，均視為罪惡！但是卑怯的、無生氣的、沒有血性的——牧師稱這些為美德。他們輕視肉體生命，而膜拜無聲無息的影子（Bloodless Shadows）。尼采乃徹徹底底地拒絕這種對人與生命的悲觀意念。

基督教第二個基本觀念是「愛」。他們以為「愛是憐憫」，並視之為道德的普通原則。尼采則認為生命是戰鬥的、進取的，只有奮鬥和進取才能提升生命。但是基督教的愛卻違反這些自然的傾向。

基督教第三個基本觀念為「遺棄世界」。基督徒想從這世界中遁逃開來，而乞求一個幻想的來世，為此而使我們忘記存在的責任。這對大自然是一種忘恩負義的態度，我們是大自然的產物，我們的腳踏在大自然的境地上，大自然要我們做一個鬥士、做一個創造者，但是基督教卻剝奪我們奮鬥的興趣以及創造的慾望，要我們成為虛構上帝的奴隸，而使我們放棄作為這個真實自己的主人。

基督教教人憐憫，自我否定，禁慾主義；把這感覺世界塗上了濃烈的悲觀色彩。尼采乃發現在基督教中的一切頹廢的根源，並認定基督教是弱者的集團。他從歷史上說明基督教最初為奴隸所接受而傳播。如今，這種奴性的道德只讚美對於奴隸有用的這些德行，如體恤、同情、憐愛等等。

二　道德價值的轉換

基督教是奴隸道德的變形，它基於反抗外在世界的「怨恨」上，並乞援於憐憫的賜與。尼采的哲學，首在於破除仇怨：

> 人應該解除復仇，那對我是到最高希望之橋，暴風雨後的彩虹。[58]

58 *Thus Spake Zarathustra*, Second Part, "The Tarantulas."

> 免除忿恨，並且了解忿恨……一個人一定有過強健與懦弱的經驗，如果我們甘受懦弱，那就會毀壞恢復的本能，這也是人內心的防衛與戰鬥的本能。一個懦弱的人，往往不知如何拋棄一些東西，如何完成一些東西。……
>
> ……忿恨的情緒是最容易消耗一個人的精力，煩悶報復的企圖，各種毒物的混合物——對於精力衰竭的人，這最容易傷害他的心神，忿恨極易消耗神經的能量，變態的增加有害的分泌……最深澈的心理學家佛陀最了解這一點，他的「宗教」可以說是一套攝生法，使人勝過忿恨：心靈求得自由無礙——這是恢復（Recovery）的第一步。「不以敵視，而以友誼消除敵視」：這是佛陀教義的第一要義——不是道德之聲，而是生理學之聲。怨恨生於弱者，其害禍及於弱者自身，對於精力充沛的人，怨恨只是多餘的情緒，如果能控制它，即是充沛的證明。我的哲學是致力於克服復仇與怨恨的情感，這是讀者們都很清楚的。[59]

「怨恨生於弱者，其害禍及於弱者自身」，憐憫的感情尤其如此，它具有一種意氣消沉的影響，足以妨礙生命力的開展，憐憫往往扼殺本能，使人類活力萎縮於無形。乍看起來，憐憫是一種慈善的表情，其實它暗中卻消除了對方的自尊心、獨立性，以及自我人格的完整，這對被憐憫者如同無形的暗殺。

早先的哲學家——柏拉圖、亞里斯多德、斯賓諾莎以及康德等人，都反對憐憫，卑視憐憫，近代的哲學家，卻越來越受這種病情傳染，尼采早在《人性的，太人性的》書中指示出來：

我認為憐憫的道德越來越蔓延了，它的病情甚至於深深地傳染給許多的哲學家，這是我們近代歐洲文明最惡劣的徵兆。

尼采在以後的著作中，從不鬆懈地痛斥憐憫之為害：

上帝死了！死於他對人類的憐憫。[60]

59 *Ecce Homo*, "Why I Am So Wise," 6.

60 *Thus Spake Zarathustra*, Second Part, "The Pitful."

憐憫是感情的奢侈品，損害健康的一種道德的寄生蟲。[61]

只有頹廢者才把憐憫稱為美德，憐憫之手常把一個偉大的前途導致毀滅的結果，導致愴傷的孤立。[62]

尼采對於憐憫的批評，在他一連串的著作中，要以《反基督徒》書上說得最為徹底：

基督教稱為憐憫的宗教，憐憫反對強烈的熱情，這種熱情可以增進生命的動力：憐憫具有銷沉的影響。當我們感到憐憫時，我們的能力便被剝奪了。能力的喪失，生命中的苦難便隨著更加的增多。憐憫使得災難蔓延。在這種情形下，將導致生命與活力的喪失。[63]

同時，它還含有一種侵略性，當你對人施以憐憫之情時，你內心多少會發出一點優越感來，可不是嗎？我們從來就不會憐憫我們所崇拜的人物！所以憐憫是使人癱瘓的精神上的奢侈品（A Paralyzing Mental Luxury），因此尼采呼喚著：

拯救不幸者，不是你的憐憫，而是你的勇氣。[64]

以此，尼采乃創下他的新道德觀點：

「什麼是善，勇敢謂之善；什麼是惡，懦弱謂之惡。」

懦弱是造成一切怠惰、頹廢、妥協諸惡習之因，當今之世，人們應勇於否定現狀，勇於改造現實，勇於肯定自我。從這裏尼采開始建立一個新的道德觀。

---

61 *The Will to Power*, Anthony M. Ludivici英譯。

62 *Ecce Homo*, “Why I Am So Wise.”

63 *The Antichrist*, 7.

64 *Thus Spake Zarathustra*, First Part, “War and Warriors.”

這新道德，她便是力量，是一種有支配力的思想，周圍是個智慧的心靈：一個金光的太陽，繞以智識之蛇（The Serpent of Knowledge）。[65]

揚棄奴隸的道德而免除憐憫與憎恨，這便是尼采有名的「價值的轉換」。《一切價值的轉換》乃是對於傳統的宗教、道德，以及形上學等所顯示的價值之一種否定。人類的進程應富有新的意義，一味因襲即是墮落的表現。以此，尼采熱烈地稱頌剛毅果決，而力斥懦弱謙讓，遂將道德分為「自主道德」與「奴性道德」兩型。前者是積極的、奮進的，為自我肯定的表現；後者是消極的、卑怯的，為自我頹廢的後果。

尼采在這價值的轉換中，新價值表上的善，乃是異於尋常的善，乃是超乎庸俗人的善惡之外者。尼采這「超善惡」的道德觀是要重建人的尊嚴，發揮人的個性，使人能主宰他自己——使人做自己的主人，不要做別人的奴隸——這就是尼采的「主人的道德」。

三　精神三變

尼采倡導毅力的德行，於是使用象徵法，將人類奮進的精神與價值轉換的歷程列為三個程序：

我告訴你們精神的三變：精神如何變成駱駝，駱駝怎樣變為獅子，最後又由獅子成為嬰孩。

精神面對許多艱苦的事物，可敬的堅忍負重的精神，必定要承擔起來：因為艱難與最艱難的事物都期望著它的力量。

一切最艱鉅的東西都要由堅忍負重的精神承擔起來：猶如駱駝，負重奔向沙漠，由是這種精神貫注於荒漠。

然而，在淒涼的荒漠中，發生第二種變形：在這兒精神變成獅子；牠攫取自

---

65 *Thus Spake Zarathustra*, First Part, "The Bestowing Virtue."

由，使自己成為荒漠之主。

在這裏牠尋找牠的最後主人決鬥，對牠的最後之神決鬥；為了爭取最後的勝利，牠要和巨龍決一死戰。

從前被尊稱為主人與神的巨龍，牠的精神是什麼？巨龍喊著：「你應該。」（You shalt）但獅子卻說：「我一定要。」（I will.）

「你應該」遍布於其途徑上，燦爛如金光——無數的鱗片覆蓋在這獸身上；每個鱗片閃耀著金光，「你應該」！

數千年來的價值閃爍於每片鱗光上，巨龍中最強威的龍說：「一切事物的價值——在我身上閃爍著。」

創造新價值——這項工作即使是獅子也不能完成；但為了新的創獲而爭取創造本身的自由——這點獅子的威力可以做到。

創造本身的自由，並給予神聖的否定——為責任而神聖的否定：為此，我的兄弟們，獅子是需要的。

從前被視為最神聖的「你應該」，如今，卻被發現只是一種幻想與武斷，從往日為人所愛好的當中攫取自由；獅子是需要這種攫取的。

但是告訴我，我的兄弟們，連獅子都不能做到的，嬰孩能做什麼呢？掠奪的獅子為何必須變成嬰孩？

嬰孩是天真爛漫的，易遺忘的，是一個新的開始，一個新的遊戲，一個自轉輪，一個初始的運動，一個神聖的肯定。

呀！為了創造的計策，我的兄弟們，人生是需要神聖的肯定的：精神現在需要自己的意志，從前，他曾經見棄於世，如今要贏回他自己的世界。[66]

「精神三變」可說是尼采思想的縮圖，也是他的一切價值的轉換的藍圖。

人類首先需要付出駱駝般的「堅忍負重」的精神，承負一切艱難，才不會被舊價值所壓毀，歷經奮鬥而成長自己，養成猛獅般的精神，把負面的傳統思想包袱拋入歷史的垃圾箱裏，而最後在猛獅的殘骸旁，一個綻開無邪微笑的嬰兒，正在旭日前展現

66 *Thus Spake Zarathustra*, First Part, "The Three Metamorphoses."

一片新綠的田野。

嬰兒的出現，乃預示著健康本能的恢復，以此扭轉破壞的衝動而化為創造的衝動。尼采的使命，可總括於「創造」兩字之中。我們不能在生命的逆旅中空手來去，與其讓天堂入夢，不如以意志與智能創下些什麼。

衝創意志

一　蔑視權勢

Der Wille zur Macht（英譯The Will to Power）為尼采哲學的推動力，這種意志儲藏於內時，是為潛能（或潛力）；表現於外時，是為動能（或動力）。

在尼采哲學中，The Will to power這片語是一個觀念。然而許多人只注意Power一字，更不幸的是把Power限於權勢的概念之中。事實上，尼采的Power是指Creative Power（創造力），而不是指Worldly Power（世俗的權勢）。由此可知，Will to Power舊譯「權力意志」，極易產生誤導，或譯「力量意志」，也不甚妥，因為它還含有潛能意志的意思。在這裏，姑且譯成「衝創意志」，因為這種意志不時表現著向外迸發和向上衝創的趨勢。

尼采的妹妹講了一個故事說明到這一概念的起源，結果產生了很大的誤解。她說她哥哥告訴她在普法戰爭中，他看到一隊軍旅在疲勞之餘，仍然猛力進攻，這使得他頓悟到生命的本質不在於生存而掙扎，而在於表現Will to Power。很顯然的，這是她的故意扭曲。事實上，尼采這時並沒有Will to Power的觀念，一直要到十年以後才第一次出現這思想。[67]

由於尼采妹妹的誤導，使以後不讀原著的人更加混用這一概念，因此在討論以前我們要嚴格地區分Power和Will to Power的不同。

如果Power是指Worldly Power，那麼尼采是帶著蔑視的態度。早在《悲劇的誕生》中，尼采就說到：「權勢是邪惡的。」後來在《查拉圖斯特拉如是說》中，對於權勢則更多微詞：

「我充耳不聞居住在不同語言的民族中，我可以聽不到那些以權勢作交易的囈語。

我撫著鼻子慍然走過今天和昨天：所有今天和昨天發出學閥、文丐的惡臭。

像跛子變得又聾又啞且盲目：獨自居住，以免和權勢、文氓、文丐共處。」[68]

「看看他們攀登吧！這些矯捷的猴猿！他們彼此踐踏而過，由是互相推扭於泥濘與深淵。

他們力爭高座；這是他們的狂熱——好像幸福就在高座上！實則全是汙穢滿座。而座席亦常置於泥濘上。」[69]

「你們的報復亦將從你們『正義』的字眼迸發出來。

不要相信那些有懲罰衝動的人，他們的面上有劊子手和偵採犬的容色。

當他們自稱為『正人君子』時，可別忘了他們什麼都不缺乏，但只缺乏權力。」[70]

「你們會為人群服務，製造人群的迷信。

67 Walter Kaufmann, *Nietzsche*, p.153.

68 *Thus Spake Zarathustra*, Second Part, "The Rabble."

69 Ibid, First Part, "The New Idol."

70 Ibid, Second Part, "The Tarantulas."

驢子般的聰明，你們老是做民眾的代表。

許多掌握權勢的人們，為了表明和民眾打成一片，就在他們的駟馬之前繫著一條小驢——一位著名的智者。」[71]

「善惡永遠不變——是不存在的。你們以自己的善惡語言和價值，來濫用權威。」[72]

「他們彼此追逐，而不知何往！他們互相攻擊，而不知何故！他們鐵器鏗鏘，而黃金玎璫。」[73]

「人們在權勢欲的眈視下，將匍匐得比蛇和豬還要低。

權勢欲是硬心腸者的最強狠的鞭笞，最殘酷者自己留著的酷刑。……焚身的黯黯的火焰。」[74]

從上面所舉的例證中，可知尼采是如何地痛恨在十九世紀時他所目擊的權勢，因此在他著作的字裡行間表露了這種憤慨。

二　激發動機力

當尼采使用Will to Power時，他是用以解釋人類的行為，乃至於宇宙間的一切現象。

這概念在《人性的，太人性的》著作中略看出一點線索：在這書上，尼采分析了許多心理的現象。對於「夢」的分析，接近於心理分析。這時他已慢慢地發現了基本的心理動機（Basic Psychological drive）為衝創的意志。

「衝創意志」一觀念在要寫《查拉圖斯特拉》時才定名。查拉圖斯特拉說：

每個民族懸掛著一張道德表，看，這是牠的克服的標誌；看，這是牠的衝創意

71 *Thus Spake Zarathustra*, Second Part, "The Famous Wise Ones."
72 Ibid, Second Part, "Self-surpassing."
73 Ibid, Third Part, "On Passing By."
74 Ibid, Third Part, "The Three Evil Things."

志的呼聲。75

不同的民族有不同的目的與道德的典型。這一切，只有一件事是相同的，他們都是衝創意志的創造物。

衝創意志一詞，在《查拉圖斯特拉如是說》中只提起兩次，最後一次要到〈自我超越〉一節中才出現：

凡是我發現有生物之處，我便發現衝創意志，即在奴役意志中，我也發現了主宰的意志。……

以「生存意志」這種來發射的人，擊不中真理。

凡有生命之處，就有意志：但不是生存的意志，而是——衝創的意志。

生命的估價比生命本身要貴重，但在這估價中說出——衝創意志！

生命如是告訴我……

「生命如是告訴我」——尼采的洞見是建立在經驗上的。尼采在此大膽地陳述：凡是生命之處，都灌注以衝創的意志。

衝創意志為宇宙間的基本原則。尼采哲學發展至此，透過這單元的動力系統，以取代或解決他早年（阿波羅精神和戴歐尼索士精神）兩元系統的傾向。也許，由於尼采鑒於希臘文化的衰微是因戴歐尼索士精神的消失，所以在他日後思想的發展線索中，特別重視這種生命的衝動與創造。在尼采失去知覺的前一年，寫了許多札記，死後友人編成《衝創意志》這本書，他用這觀念來說明科學、社會，以及藝術的形成。並用以說明一切的現象：

> 一切現象都是意向的結果——可以歸於增加動力的意向。

接著，他又說：

---

75 *Thus Spake Zarathustra*, Second Part, "The Thousand and One Goals."

當我們做任何事情時，我們都會意識到力量的感覺：我們在行動以前便會有這種感覺——也就是說，當我們想做一件事情時（例如，看到一個敵對或阻礙，我們就想取勝）：它常是一個附隨的感覺。我們會本能地想到這種力量的增加是行動的起因，那就是動機力。[76]

尼采把這種力視為一種動機力：

衝創意志是一種最原始的動機力，所有其他的動機都是由其所從出。

尼采很明白地說「衝創意志就是原始的動機力」。由於尼采對於「力」的說明，有人就認為這和達爾文學派「強者適存」的主張為同出一轍，事實上兩者是判然有別的，我們從尼采著作中對他們的抨擊便可看得出來：

生物學家認為生存競爭，弱者死亡而強者留存，由是他們想像著所有生物的完美性便會繼續增加。其實相反的，這事實使我們相信：在生存競爭中，弱者的機會和強者卻同樣的多；狡猾常可有利地補助力量的不足；一個種族的多產和種族死亡的機會，有一種很奇妙的關係。[77]

在強弱俱存的情形下，我們應該培養強健的個人：

> 生物學家一直到現在都犯了一個根本的錯誤：生物學不應是討論物種的事，而應該培養強健的個人。
>
> 生命不是內在關係對外在關係的不斷協調，而是衝創意志，從內在迸發出來，以征服與融合不斷增加的外在現象。[78]

---

76 *The Will to Power*, p.136. A. M. Ludiuici英譯。

77 Ibid, p.155.

78 Ibid, p.153.

尼采在批評生物學家的學說之後，便說到生命和衝力的關係。

生命，存在中最好說明的形式，是蓄積衝創的意志——每件事物的目的，不在於保守而在於成長增大。生命為個體追求力量的最高感覺；生命本質上是追求更多的力量；所有最基本最深沉的事物都是這種意志。[79]

在這「衝創力」的追求與發展的過程中，無疑的，生命便富有「戰鬥」的意味。

79 *The Will to Power*, p.165.

戰鬥性

尼采的一生中，充滿了戰鬥的意味。在生活上，他屢屢遭遇著貧窮的困擾，病痛的糾纏，以及孤獨的侵襲。但是他卻從未倒下，一直是不屈不撓地向著生活的逆境挑戰。在思想上，從迷妄的上帝到「市場上的蒼蠅」以及卑俗的羣眾，他徹頭徹尾地反抗古老的那一套價值系統。因此他便向這一切投擲戈矛。

由於尼采這種豪邁的個性，乃力倡「戰鬥」之說，以啟迪世人在生活與思想上發揮奮鬥、進取、與創造的精神。

讓我們在這裏徵引《查拉圖斯特拉》的一段話，作為討論的起點：

如果你不能成為智識上的聖者，那麼至少成為智識上的鬥士吧。他們都是聖者的同伴與先驅。

> 我看到許多兵士：假使我看的是許多鬥士那多好！人們把他們所穿的叫做「制服」：假使制服所掩蔽的並不是整體與劃一那多好！
>
> 你們應該具有尋找對手的眼光……
>
> 為了你們的思想，你們應該尋找對手；你們應該嘗試你們的戰鬥！
>
> 如果你們的思想被打敗，你們誠然仍應為此而高呼勝利！
>
> 你當愛好和平，因為這和平為新戰鬥的一種過程——愛好短期的和平甚於長期的和平。……
>
> 戰鬥和勇敢比慈悲做出更多偉大的事情。拯救遭難者，不是你們的同情，而是你們的勇敢。什麼是好的？勇敢便是好的。[80]

在智識的活動上，最好能成為聖者，要不然至少做一個鬥士，尼采所說的鬥士顯然不是指士兵，「但願隱藏著的，不是制服般的一律！」無疑的，尼采很卑視那些內心如制服般地格式一律的人，因為他們只是被迫而從事於殘殺的兵士，並非為自己的理想而奮進的鬥士。尼采輕視外在的規律，而重視內在的潛力。所謂鬥士即意指在知識上富有追求熱情與質疑精神的人。

這裏要人成為「知識上的鬥士」，和《曙光》中所說的「知識上的勇敢的戰士」，以及在《愉快的智慧》中標舉為生活與理想而征戰，都是意指在思想文化領域內的除舊迎新的開創工作。

在〈幻象與謎〉一章中，查拉圖斯特拉高唱著：「人是最勇敢的動物，他高唱戰歌，征服一切痛苦。勇敢消除身臨深淵的暈眩，勇敢擊破憐憫。」基督教宣揚「憐憫」的德行以貶損人的自尊與自信，這裏，尼采針對基督教的道德價值施以抨擊。此外，在〈精神三變〉中宣稱獅子的精神要與「數千年來的價值閃爍於每片鱗光上」的巨龍「決一死戰」，以及在〈贈與的道德〉中喚著「讓一切事物的價值由你們重新估計罷！因此你們當成為鬥士！因此你們當成為創造者！」這都是針對基督教的文化傳統所進行的「價值轉換」呼聲。

在尼采的自傳《看，這個人》裏，提到「戰爭」、「鬥士」時，也表達著相同的

---

80 *Thus Spake Zarathustra*, First Part, "War and Warriors."

意義。例如：在自傳中他介紹《反時代的考察》一書時詳述「包括四篇論文的〈反時代的考察〉，充滿了戰鬥的意味，它們證明我不是夢中人，證明我是樂於擊劍——而且有著敏捷的手腕。第一個攻擊的對象是德國文化。」在自傳中他介紹《人性底，太人性底》一書時說：「手持火炬，以一道銳利的光芒照耀著黑暗的世界。這是戰爭，但是沒有火藥和烟火的戰爭，沒有打殺的狀態，沒有悲哀的氣氛和斷殘的肢體。」在自傳中他介紹《善與惡之外》一書時說：「我一生事業中肯定部分的工作已經完成，現在要輪到否定部分的工作：對抗以往一切價值的重估，這偉大的戰爭——喚起最後決定的日子。」以上所引，可證尼采所謂的「戰爭」，是指他對西方傳統文化（特別是基督教文化）以及近代德國文化所作「一切價值重估」工作而言。

尼采自稱是個鬥士——「富有挑戰性的哲學家，喜歡向一些深邃的問題挑戰」：

> 本質上我是一個鬥士，攻擊是我的本能。能做一個敵人，做個敵人——這要有堅強的性質。
>
> 攻擊的心情必然是屬於強者，正如報復的情感是屬於弱者。比如，女人是好報

復的——她的懦弱包括了這些情感（一如易於同情別人的痛苦），攻擊者的力量是決定於他所需要的對抗；每種力量的增加，表示著他正尋找更大的對手或問題——富有挑戰性的哲學家，喜歡向一些深邃的問題挑戰。

接著，他又說明他的戰術原則：

> 我的戰術有四個原則：
> 一、我只攻擊意氣揚揚者——必要時，我得等他趾高氣昂時攻擊他。
> 二、我不找同盟去攻擊，我獨自一人對抗。
> 三、我從不作人身攻擊——我只用人格作為一個有力的放大鏡。
> 四、攻擊沒有個性的東西。
> 攻擊對我來說是善意的證明，某些情況下，是感謝的證明。[81]

81 *Ecce Homo*, "Why I Am So Wise," 7.

由尼采自己所宣布的戰術原則以及他一貫的思想看來，他使用「戰鬥」這字，和戰場上的屠殺是完全不同意義的。從尼采最早的著作《悲劇的誕生》和最晚的《反基督》與《看，這個人》——自始至終，他是反對戮滅生命的戰爭。

在《悲劇的誕生》中，尼采說：「絕滅人類的普遍戰爭和許多民族的不斷被放逐，將會大量削弱人類對生命的本能的追求，以致使自我毀滅成為一種普遍的習慣。」他認為，在宗教的形式下，如果「不把藝術當作一種野蠻解毒劑的地方，就會有大規模的屠殺」。在《反基督》中，尼采說：「古老的上帝發明了戰爭，他把各民族分開，他使戰爭永恆化，以使人們彼此消滅（教士們總是需要戰爭的）。戰爭是要不得的，對科學是嚴重的破壞。」在《看，這個人》中，尼采指責「德國人所謂的獨立戰爭，剝奪了歐洲的意義」。自從普法戰後，他便一再地在文字上反對軍國主義的作風。法西斯主義者拿尼采當做戰爭的招牌，那完全是戰爭販子有意地誣妄歪曲的解說。

尼采的戰鬥觀念，部分思想是受赫拉克利特斯的影響，對於他，尼采感到「最親切的崇敬」，他的哲學給與尼采很多的啟示。一般說來，當尼采說到戰爭時，他是意指：宇宙間各種力的相互作用（The Interplay of Cosmic Forces），或從個人的情慾與衝動的爭鬥中以獲得自我的主宰——因而奮鬥的主要對象乃在於自己。尼采的思想，要在不斷地發揮個人的潛能，無限地作自我提升。把生命納入一個龐大的動力系統中，而動力乃寓於創造的意趣之上。由是可知尼采所說的戰鬥，完全是在激發人的奮進的意志，發揮其創造的精神。

尼采思想的評價

尼采的思想，恰像一顆鑽石，它光彩四射，使人眩惑，使人難以捕捉。半個多世紀來，他的影響是多面而複雜的，人們對於他的評價，也眾口異說。在這裏，很容易使我們想起「盲人摸象」的故事來！但在這諧趣的故事背後，卻隱藏著一種嚴肅的意義。今天，我們便是要在這嚴肅的意義上，還出尼采哲學的本意來。

尼采的哲學，實是對於整個時代、整個人類命運的一種沉痛的呼聲。在這沉痛的呼聲中，他向西洋傳統文化提出了一個深沉的抗議與挑戰，其抗議與挑戰，乃由於西洋的文化呈現著種種危機所導致。這些危機可依歷史發展的順序分數層來說：

（一）西洋文化源於希臘，最早的幾位希臘哲學家都偏重於宇宙問題的探討，他們最關心的，乃是廣大外在的世界，至於人類的問題，只不過站在「宇宙萬物一分子」的立場來看待罷了！這種思維方式，導致人性的物化。物化的結果，根本喪失人類特殊的地位。辯士派的興起，即是對於這物化思想的一種反抗。他們並倡言「人是萬物的尺度」，因此，人於物界的地位，便頓形高漲。然而辯士派卻矯枉過正，將一切知識建立在人的感覺基礎上，可是感覺常是因人而異的，所以辯士派的人本主義遂成為個人主義，最後更變成各人不相會通的主觀主義。在這種情形下，便漸漸地失去了一切道德宗教的價值標準。蘇格拉底有感於此，遂奮起而肩負重建真實知識與倫理判斷基礎之責。

蘇格拉底欲去除感覺為知識根源之蔽，乃在理性的領域中覓求心安理得，並將價值之源，根據於理性的基礎上。他的學生柏拉圖更在感覺世界之上，另立一理念世界，柏拉圖以斬釘截鐵的精神，一線區分下界之生滅變化與上界之永恒理念。柏拉圖深以為感覺世界中的一切，都是變動不居的，唯有在理念世界中，才能求得真實。因此他不屑於下，而嚮往於上；對於宇宙下層極盡其卑視之能事，於此同時，復啟發人類的精神力量，不斷向上飛揚，接觸絕對真善美的理想，以安排人類的道德生活、知識生活與藝術生活。這一局面，由蘇格拉底啟示，柏拉圖完成。

然而，這種思想對大眾而言，卻形成新的災難，因為柏拉圖所卑棄的，卻正是我

們生於斯長於斯的生命活動場所。其結果，既戛然不安於我們置身立足的真實境地，復未能直達於渺然不實的嚮往境界。恰像是「上不見天，下不在田」的情景，人們在精神上遂陷於進退維谷的地步。

柏拉圖幻想理念界為實在（reality），並將幻想的產物視為真實，往後的形而上哲學家，均幻想著一些抽象的名詞——所謂「本體」、「本質」、「絕對」、「上帝」——而以此幻影視為不移的真理。歷代哲學史上的謬見，尼采於此暴露無遺，並謂造成千年來哲學上的誤謬，應由蘇格拉底、柏拉圖負責。

（二）柏拉圖的哲學思想，到了中世紀很巧妙地和希伯來宗教思想吻合融通。從他們的宇宙觀點來看是如此（上述理念界實為基督教天國鋪路）。再從他們的人生態度來看亦復如此：

蘇格拉底、柏拉圖頗受奧菲克（Orphic）宗教的影響，以為人類可貴的組織不在於肉體，而在於靈魂，但這靈魂卻囚於體內，如果想要獲得靈魂自由，體現美滿價值，除非解脫軀殼不可。柏拉圖在《理想國》（*Res Publica*）和《斐多篇》（*Phaedo*）等對話錄所表現的遁世色彩，尼采極不贊成，譏諷他為「先耶穌而存在的基督徒」。

若依柏拉圖的意思推展下去：肉體生命便成為罪孽之所，「身」、「心」遂陷於矛盾衝突中，如此，本身即成為戰場，自我爭戰不休。這種思想恰好和中世紀宗教思想銜接上了，中世紀宣稱物質世界為罪惡之淵，身體為累贅之軀。因而，使人不敢擡起頭來面對現實，正視自己，甚至於人人都不敢面面相視，因為一見面，便看見罪惡的身體。在這種情形下，唯有低下頭去作禱告，向聖靈求援，或仰頭天空，懺悔自己，侮辱自己。這為尼采抨擊最力的一點。

（三）中世紀的人「生」觀，實為一人「死」觀（上面已敘述）。中世紀的宇宙觀，是為一封閉宇宙觀——自世界創生到世界末日，為時間限界，上及天國下至地獄，為空間限界。如此構成了一個封閉系統，有限境界。到了近代，經過哥白尼的天文革命，這一局面始被打破。其後，天文學家、物理學家們的努力，揭開了一個無窮的宇宙在這一新的「物理宇宙」（Physical Cosmos）中，不復以地球為中心，也不復以人類為中心，其所展示於人的，乃是個更為廣漠而異於從前的宇宙。近代人的思維固可縱橫馳騁於此新的宇宙中，但同時卻在這蒼茫的天體間，人類的地位越顯渺小而微不足道。

近代科學知識所開創的宇宙，乃一「至大無外」的陌生宇宙，使你陌生得恍如自己是個異鄉客，慣常為你所熟稔的事物，都已大為改觀，人們處於遽變的時空系統中，頗感惶然失措。在這期間，科學技術漸漸地建立了形形色色的都市生活——洶湧的人潮捲入了一個個龐大的機械動力世界，在這機械的動力世界中，人們每天需要透支過量的神經支持力，喘息於煤煙籠罩的空氣中……人類的生活，從來沒有比這一時代更為混亂醜惡，以往的一切價值——即使是美好的，也被齒輪壓得粉碎。於此同時，科學家或所謂「科學的哲學家」復宣稱價值中立，表面上，他們在倡言價值中立，暗中卻作種種「價值漂白」（方東美教授語）的工作。

近代科學家以為宇宙乃一理性的構造，凡是主觀的情意，均是幻覺，他們把聲色味觸視為次性或假相，若是，則藝術、音樂、文學、詩歌所描繪的，都屬於主觀的作用與次性的產品了。這一理論的形成，遂使一切藝術的創造失去根據，道德價值也便落空。尼采之崛起，即面臨價值的破產而欲負起「價值重估」或「價值轉換」的重責。

由此可知，尼采在西洋哲學史上實占著一個特殊的地位，他一面抗擊千餘年來傳統哲學的虛妄，同時下開現代哲學之先河。歸結地說：

（一）西洋傳統哲學陷入了嚴重的「二分法」——自柏拉圖妄分感覺界與理念界之後，接著中世紀演成人間與天國的區分，及近代，又構成自然與人性，心與物的對立。傳統的形上學或宇宙論，乍看起來體系龐大而牢固，實則深藏著割離分裂的危機。不僅如此，最大的危機乃在於傳統哲學將其價值建立在虛妄的領域上，因而導致了病態的人生觀。

（二）西洋傳統哲學均重形上學宇宙論或知識論，尼采則以為哲學不僅是一種理論，更是一種生活。所謂哲學，即是「人」的哲學，人的存在問題自應居於首要的地位。

尼采之強調人性尊嚴，重視生命價值，在西洋哲學中實屬空前，並且尼采之試圖將哲學文學與生活打成一片的雄心，在西洋哲學上，尤為罕見。

由於尼采關切人類存在的處境，因此尼采思想被視為當代哲學——存在主義哲學——的源流。

在存在主義短短的歷史發展中，尼采卻占了一個中心的地位；存在主義的三大健將——德國的耶思培（Jaspers）、海德格（Heidgger）和法國的沙特（Sartre），他們的思想可說均根源於尼采。耶思培和海德格都是有名的尼采學者，都寫了專著論述尼采，沙特的整個哲學思想更以尼采宣稱「上帝死亡」為出發點；上帝的不存在，因此每個人應作自我抉擇，自我塑造，自我奮鬥。沙特的呼聲，實是尼采的回音。

尼采和存在主義者一樣：反對本質中心的哲學，反對形式信仰的團體，反對體系的哲學，因為它們遠離人生，貶抑生命。如果我們認為存在主義者過分重視人類的失敗、死亡和憂懸之情，則尼采並不包括在這一哲學運動中，因為尼采要在苦難的人生中，肯定生命，激起戴歐尼索士的振奮之情。

尼采給人一股向前的推動力，他的哲學實充滿著上升的意義。

附錄

尼采
作品選譯

《看，這個人》選譯

Ecce Homo

拉丁文原意是「看，這個人」，是尼采的自傳，寫來文才並茂，充滿了自負的口吻，書中尼采自述：「為什麼我這樣聰明」，「為什麼我這樣敏銳」，「為什麼我寫出如此優越的著作」。語氣雖近於自誇，卻膾炙人口。下面所譯的，是他的〈序言〉。

序言

一

有鑒於長期以來，我都該以一項最大的要求去面對我的同胞，這項要求終將要給予他們；在我看來，我將不可免地要對他們宣布我是誰，我是何等人物！事實上，這件事應當已很了然，因為我並不隱藏自己。我的任務之偉大和我同代人的渺小，這之間判然有別；這一切由人們之既未見過我、也未聽過我的這件事情上，表明得十分清楚。我活在我的自信中，以為我個人尚確然地活著也許只是一種偏見。我現在應做的，是要對任何一位曾在夏天訪問過上恩格敦（The Ober-Engadine）的學者講話，他們來看我，是為著使我相信我已不復有生氣。……在這種情形下，我的責任——這項責任有背於我慣常的緘默，且有背於天生的驕傲；以反抗者的姿態——我要說：「聽著，我就是如此這般的一個人。就看你上天的份上，別把我和旁人混在一起吧！」

二

我並不是一個妖怪，一個道德的怪物。不錯，我的天性和向來被尊為有道德的這類人物是顯然不同的。但在我們之間，這確是使我驕傲的一個理由。我是哲學家戴歐尼索士的弟子，我寧願是一個登徒子（Satyr），而不願是一個聖人。但我要求你們讀這本書！也許我在此地以一個愉快而同情的態度來表現這兩者的差異是成功的。也許

這本書可說沒有其他的目的了。

我應當要做的最後一件事，是「改進」人類。我不建立新的偶像；我只要舊偶像知道有泥土的腳是什麼意思。推翻偶像便是我的職務（我把理想都叫做「偶像」）。當我們創造理想世界時，我們也褫奪了價值、意義以及真理……的實在性，「真實的世界」和「現象的世界」——用日常的英語說，即是實在和虛構的世界……理想的謊言向來是實在的詛咒；由於有了它，人最基本的本能也變成虛假與錯誤；於是，這些價值成為崇拜的對象，以致為人類的超升所不相容，也和人類的未來，及其對未來的偉大權利，發生了牴觸。

三

凡是能呼吸著我的著作之氣息的人，他就會知道這是來自高原的氣息，它足以使人清醒振奮。一個人應當養成這種氣質，否則就會遭到寒風侵襲的危險。冰雪接近了，孤獨是可怕的——然而在陽光下的每樣東西，是多麼的沉靜啊！一個人的呼吸是多麼的自由！哲學——（就我所了解和經驗到的）是向冰天雪地與山峯之上境界的自動隱居——所要追求的，是存在中之奇怪的與可疑問的東西，這些都是道德所設為禁忌的。由於長時期的經驗——從禁地上漫遊所得的經驗，我看出人類道德化與理想化的原因，這得使用異於常人所喜好的不同態度去追尋。哲學家的祕密歷史，偉大名人的心理，啟示了我。一個人的心靈到底能承受多少的真理？能追求多少真理？這些問題我認為是最主要的條件了。錯誤（對理想的信仰）並不是盲目；錯誤是怯懦……每個征服——一切知識的進步，都是勇氣的結果，亦是對於自我堅苦以及對於自我洗滌的結果。我並不反駁理想，我只是在理想面前應戰……我將樹起這種標幟而攻取；因為過去嚴厲所禁的，常是真理所在之處。

四

在我的著作中，我的《查拉圖斯特拉》占了一個特殊的地位。我以這著作，給人類以空前偉大的贈禮。這本書，聲音響徹千古，它不僅是世界上最高邁的書，山頂雄風裡最真實的書——整個現象以及人類都遠在它的下面——而且也是最深邃的書，從最豐富的真理中產生；一個永不枯竭的泉源，滿載寶藏放下汲桶唾手可得。在這兒沒

有「先知」，沒有可怕的病痛與潛能意志的糅雜物——人們稱之為宗教的創始者。如果一個人不願把他的才智誤用的話，那麼他一定會搶先聽取我的聲音——脆鳥之音——這來自於查拉圖斯特拉：

「最沉靜的話語是風濤的先兆；領導世界的思想是來自鴿子的纖足。

「無花果從樹上掉下來，美好而芳香；當它們下落時，紅的皮裂開了。我是使它們成熟的北風。

「如是，我們的朋友們！這些學說如無花果落向你們：吸吮它們那芳香的液汁和果肉吧！這是秋日盈盈，晴朗的天空和午後的時候呢！」

這兒沒有狂妄之語；這不是「說教」；也不要求信仰。我的語言是從我喜悅的深處和無限璀璨的亮光中點點滴滴地出來的——談論的速度是緩慢而適切的。所說的話語是給優秀的人聽的，在這裏做個聽者是項至高無上的特權（光榮），但並非每個人都有聽查拉圖斯特拉談話的耳朵。難道我們不談起查拉圖斯特拉，他是個引誘者。……當他首次回到他的孤獨中時，他自己說了些什麼？「智者」、「聖人」、「救世主」，或其他頹廢者所說的話剛好和他的相反……不僅他的話，而他自己也和他們截然不同。

「現在我獨自走了，我的弟子們！你們也走吧！要獨自走！這是我所希望的。

「真的，我勸告你們，離開我，並且提防查拉圖斯特拉！更好是，休與他為伍！或許他也欺騙了你們。

「有知識的人要能愛他們的敵人，也能恨他的朋友。如果一個人永遠只做弟子，這對他的老師是件壞的報答。為什麼你不想扯掉我的桂冠？

「你尊敬我，如果有一日你的崇敬倒塌下來，這怎麼辦呢？當心，別讓石像倒塌粉碎了你！

「你說信仰查拉圖斯特拉？但是查拉圖斯特拉如何呢？你們都是我的信徒，但是信徒又如何呢？

「你們還沒有追尋你們自己，而找到了我。所有信徒都是如此，因此一切信仰是如此地渺茫。

「如今我要你們捨棄我，尋找你們自己；當你們通通否認我時，我將轉向你們。」

在這美好的日子裏，一切都已成熟，不僅葡萄漸漸變黃，一線陽光射進我的生命：我看看我的後面，再看看我的前面，我從未在剎那間看到這麼多美好的東西。今天我埋葬了我的四十四個歲月，並非沒有意義；我有權利來埋葬它凡有生命的事都保留起來，永垂不朽。

第一本書《衝創意志——重估一切價值的嘗試》，隨後的《戴奧尼索斯——酒神贊歌》以及《偶像的黃昏——如何用鐵鎚來作哲學思索》，這些作品都是這一整年的餽贈！

因此，我現在開始敘述我一生的故事。

＊以上根據奧斯卡・利維（Oscar Levy）編《尼采全集》英譯本翻譯。

《查拉圖斯特拉如是說》選譯

Thus spake Zarathustra

《查拉圖斯特拉如是說》序言，常常為研究尼采的學者所引用，所以特地把它譯出來。

序言

一

查拉圖斯特拉三十歲的時候，他離開了他的家以及他家鄉的湖畔而隱逸山林。在那兒，他怡心悅神而玩味孤獨，十年來未嘗倦怠。但最後，他的意旨改變了──有天早上，他和瑰麗的朝霞俱起，來到太陽跟前，並且對太陽作如是說：

「你這偉大的星球，如果失去了你所照耀的人們，你的幸福何在呢？

「十年來你照臨我的窟穴，如果不是為了我和我的鷹蛇的話，你一定會倦於你的亮光與旅程。

「然而，我們每晨靜候你，從你這兒攝取你的流光，並且為此而祝福你。

「看啊，我已饜足我的智慧，像隻蜂兒採集了過多的蜜。現在我需要的是能伸出來接取它的手。

「我願意施予和奉獻，除非人群中的智者仍舊欣悅於他們的愚蠢，而窮人安樂於他們的豐足。

「因此，我必須下降於最深處，正如你在夜晚所做的一樣。當你沒入海底，而你仍給予下界以光亮，你這豐潤泛溢的星球呀！

「像你一樣，我必須降臨；正如我將要降臨於人間的人們所說的。

「那麼，祝福我吧！你這安謐之眼甚至看得到最大的幸福，而不含絲毫的嫉妒。

「祝福這充溢著歡樂的流觴吧！杯中時將泛溢出金波，到處都會映著你的歡悅。

「看啊！這杯將再成為一盞空杯，而查拉圖斯特拉將再度成為世人了。」

於是查拉圖斯特拉開始降臨。

二

查拉圖斯特拉獨自下山，沒有遇著一個人。但是當他走進森林中時，忽然有位老年人站在他面前，那位老者從他那供神的茅屋裏出來，在林中採集樹根。於是這老人對查拉圖斯特拉如是說：

「這位飄泊者對於我並非陌生，許多年前他打從這裏經過。他叫作查拉圖斯特拉，但是他已經變了。

「那時你帶著灰燼逸入山林；現在你要把你的火焰帶到溪谷中嗎？你不怕被判以縱火者的刑罰嗎？

「是的，我認得查拉圖斯特拉，他的眼神是純淨的，他的嘴臉並不潛藏厭惡，他走起路來不正像個舞蹈者嗎？

「查拉圖斯特拉已經變了，他如今變成一個小孩了。查拉圖斯特拉是個清醒者：現在你打算在沉睡的眾人中做些什麼呢？

「你居於你的孤寂中如置身於大海，而大海載負著你。哎呀！你現在要爬上岸緣嗎？哎呀！你要再度拖曳著你的身軀嗎？」

查拉圖斯特拉回應著：「我愛人類。」

「為什麼？」那聖者說，「我要走進森林與荒漠中來？這不是因為我過於愛人類嗎？現在我以上帝唯尊了；我不再愛人類。人類對於我說來，是個太不完滿的東西。愛人類就會折煞我。」

查拉圖斯特拉回說：「關於愛，我說過什麼嗎？我帶給人類的是件禮物。」

「什麼東西都別給他們！」聖者說：「最好是將他們的重荷取下一部分，幫他們承負起來，這樣對他們是最好不過了，如果對你合適的話！假使你定要給他們一些東西，不要超過小小的布施，而且讓他們乞求這些吧！」

「不！」查拉圖斯特拉回說：「我不施捨。對於這些，我不曾吝嗇。」

聖者笑著查拉圖斯特拉，並且這麼說：「那麼，瞧瞧他們是否會接受你的寶貝吧！他們是懷疑隱者的，不會相信我們的來臨為的是贈與。

我們的腳步悄悄地穿過街道。若在夜晚，他們在床上聽到破曉以前有人走過，也許會自問：『這小偷要到那裡去？』

不要到人群中去，留著在森林裏吧！寧可與鳥獸同伍，也不要到人群中去！為什麼你不想同我一樣——做熊中之熊，鳥中之鳥呢？」

「那麼聖者在林中做些什麼呢？」查拉圖斯特拉回問著。

聖者說：「我作歌自唱；當我編曲時，我暢笑，我哭號，我低吟，由是我讚美天神。用歌唱、哭號、暢笑、低吟，我讚美我的神。但你帶什麼禮物給我們呢？」

當查拉圖斯特拉聽了這些話，他就向聖者告別，並說：「我有什麼可給你呢？快讓我走吧！免得我從你這兒取走了些東西！」於是他們分手了，老者和這些人歡笑如孩童。

但是當查拉圖斯特拉獨自一個人時，他內心不免暗自說：「這是可能的嗎？這位年老的聖者在林中卻還沒有聽到這消息：『上帝已經死了』！」

三

當查拉圖斯特拉到達森林邊際的一個鎮上時，他發覺許多人聚集在市場上；因為

那兒告示著有一位走索者將要獻技。查拉圖斯特拉向人們如是說：

「我教你們何謂『超人』。人是要超越自身的某種東西，對於超越自身，你們做了些什麼呢？

「一切的東西都能從他們自己的種類中，創造出較優越的來；你豈願為大潮中的退潮嗎？抑或寧可返回禽獸而不超越人類嗎？

「猿猴對於人類來說是什麼呢？只是一個可笑的對象或痛苦的羞辱。這正是將來人類之於超人的情形一樣——一個可笑的對象或痛苦的羞辱。

「你已經走過從蟲豸到人類的一段路程，但在你們心中仍有許多蟲豸。從前你們曾是猿猴，如今人類卻比猿猴更像猿猴。

「即使你們之中最具智慧者，也不過是一株草木和幽靈的雜種而已。但，我叫你們變成幽靈或草木嗎？

「聽啊！我教你們以超人！

「超人就是大地的意義。讓你們的意志說：『超人應該是大地的意義吧！』

「我的兄弟們，我極願你們對大地忠實，別信那些傳說來世希望的人！他們都是荼毒者，無論他們是自知或是不知。

「他們是生命的侮蔑者，自甘頹廢與自我荼毒者，對於他們，地球厭倦了：『快讓他們去吧！』

「從前把瀆神看作是最大的褻瀆，但是現在神已經死了，這些褻瀆者也一同死去。如今，最可怕的罪惡是對於大地的不敬；這些褻瀆大地的人，把不可思議的靈魂高舉在大地的意義之上。

「從前靈魂蔑視肉體，那時以為這種蔑視是最高尚的事：靈魂希望肉體瘠弱、蒼白和飢餓。以為這樣就可從肉體和大地中逃開。

「啊！那種靈魂自身就是瘠弱的、蒼白的和飢餓的；殘酷是這種靈魂的貪慾。

「可是我的兄弟們，你們也得告訴我：你們的肉體對於靈魂該怎麼解說呢？你們的靈魂不也是貧弱、汙穢和可憐的自滿嗎？

「誠然，人是條汙穢的川流。一個人必須成為一個大海，可以容納汙穢的川流而不失其淨潔。

「看啊！我教你們以超人：他就是這大海；對於他，你們極大的藐視會沉沒消

失。

「在你們的生活經驗中還有什麼是更偉大的呢？就是你那極大藐視到來的時刻。在這時候，你們將厭惡你們的幸福，甚至你們的理性和德性亦復被你所嫌惡。

「到這時候你會說：『我的幸福算什麼？那不過是貧弱、汙穢與可憐的自滿。但我的幸福應該辨明存在的本身呀！』

「到這時候你會說：『我的理性算得了什麼？它追求知識像獅子覓求食物嗎？它不過是貧弱、汙穢與可憐的自滿罷了！』

「到這時候你會說：『我的德性算得了什麼？它並不能激起我的熱情，我多麼饜於我的善和惡啊！那不過是貧弱和汙穢的以及可憐的自滿罷了！』

「到這時候你會說：『我的正義算得了什麼？我已不明白自身是火焰與熾熱的燃物，然而正義者卻是火焰和熾熱的燃物。』

「到這時候你會說：『我的憐憫算得了什麼？那豈不是對於那愛人類者被釘在十字架上的憐憫嗎？但我的憐憫不是釘在十字架上的。』

「你曾說過這些話嗎？你曾為此而哭泣是嗎？啊！我可以聽得到你們為此而哭

泣。

「你向天哭泣，不是由於你的罪業，而是因你的怯弱，甚至於在你的罪業中，你的卑賤向天哭。

「以其舌尖舐你的電光何在？可以注入你內心的狂熱何在？

「看啊！我教你們做超人。他就是那電光，他就是那熱狂！」

當查拉圖斯特拉這麼說著，羣眾中有一個人叫喊起來：「我們曾經聽過許多關於那走索者的事；現在表演的時間到了，我們看看他的演出吧！」於是大家都朝著查拉圖斯特拉哄笑。而走索者卻認為這些話是對他說的，於是，他便開始獻技。

四

查拉圖斯特拉驚異地望著羣眾，而後作如是說：

「人是繫於禽獸與超人之間的一條繩索——一條凌駕於深淵之上的繩索。

「一種危險的途程，一段危險的回顧，一個危險的震顫與停足。

「人的偉大處，在於他是一座橋樑而不是一個終鵠。

「人的可愛處，在於他是一位過渡者。」

「我愛那些只深入世間育化羣倫的人，因為他們是過渡者。

「我愛那些大藐視者，因為他們是大虔敬者，並且期望著彼岸之箭。

「我愛那些不在星球以外尋找東西的人，他們只為大地而自我犧牲，這大地或將有一日屬於超人。

「我愛那因求知而生活的人，而他並要知道超人有日得以出現。因此，他願降臨。

「我愛那些為超人建造屋舍的人，並為超人安排土地、禽畜和花木，為此而降臨。

「我愛那些愛他自己德行的人，因為這德行為拯世的意志，且為遙望的飛箭。

「我愛那些毫不保留自己思想的人，他只期望做自己的道德思想之主人，因之他像精靈一樣走過橋樑。

「我愛那些以德行為意向與命運的人，他為德行而生，且為德行不欲苟生。

「我愛那些不希求過多德行的人，一德多於二德，因為它更能成為附繫命運的結節。

「我愛那靈魂極大度的人，他不期望道謝，也不期望報酬；因他常施與，並不為自己留存著。

「我愛那羞於擲骰以決定命運的人，並自問：『我是不誠實的賭徒嗎？』因為他不想逃避。

「我愛那在行動之前投下金言的人，而他常常行動多於許諾；因他願意投身於此世間。

「我愛那能證實未來和補救以往的人，因為他願意為目前而犧牲。

「我愛那因愛他的神而憤責他的神的人；因為他必招毀於神的盛怒之下。

「我愛那靈魂深邃的人，即使受了創傷；他猶可以因小的冒險而毀滅。由是，他樂於走過那橋樑。

「我愛那靈魂過於充實而遺忘自己的人，萬物都內附於他；由是萬物成為他的樂園。

「我愛那具有自由精神與自由心意的人，他的頭部只是他心意的內臟，而他的心意驅使他投身此世」。

「我愛那些如黑雲上落下的大雨點般的人們，他們預告著電光的來臨，且如預告一般，他們毀滅了。

「看呵！我便是電光的預告者，濃雲中的大雨滴——這閃電就叫超人。」

五

當查拉圖斯特拉說了這些話，他再觀察羣眾，於是沉默不語。「他們站在那裏」他內心暗自說：

「他們在那裏發笑：他們是不了解我的，我不必講給他們聽。

「一個人是否要打破他們的耳朵，在他們學會用眼睛來聽之前？一個人是否要像鑼鼓和懺悔的說教者那樣的喧嘩，我看他們只相信口吃的人吧？

他們有某些值得他們自傲的東西。使他們以自傲的，那叫做什麼呢？他們稱為教養，這使得他們有別於牧童者。

因而，他們不喜歡對他們自己使用『蔑視』的字眼。那麼讓我來跟他們的驕傲打交道吧。

我將告訴他們最藐視的東西：那便是最後的人（Der Letzte Mensch）。」
於是查拉圖斯特拉對羣眾說：
「人類確定目標的時候到了，人類播種其最高希望種籽的時候到了。
「人類的土地仍夠肥沃的，但是那土地終將有一天會成為貧瘠與荒蕪，不能再生長出高樹來。
「哎呀！到這時候，人就不能再將希望之箭發射於人類以外——他的弓弦也忘卻顫鳴。
「我告訴你們：人自身必有渾沌，以產生一個跳躍的星球。我告訴你們：你自身仍有渾沌。
「哎呀！當這到來時，人不能再產生星球了。
「哎呀！最蔑視者的時候到來，人便不能再蔑視自己了。
「看啊！我指示你們最後的人。
「『什麼是愛？什麼是創造？什麼是期望？什麼是星球？』最後的人瞇著眼如此問。

「地球變得更渺小了，而最後的人在其上跳躍著，他使得萬物都渺小。他的人種永不斷絕的，一如土蚤一樣永不絕根，最後的人活得最長久。

「『我們已經發現幸福。』最後的人說，並且眨眨眼。

「他們已經離開那難以生活的地方，因為他們是需要溫暖的。人們仍是愛他的鄰人，彼此照應，因為人需要溫暖。

「病痛與疑懼，他們認為是罪業的：他們戰戰兢兢地前行。如果會碰到石頭或人們而絆倒，那真像是個傻子！

「經常服一點毒汁，有助於適意的夢。最後服下過多的毒汁，可促使適意的死亡。

「人們仍工作著，因為工作是消遣的一種形式。但一個人是如此謹慎，唯恐消遣過於損傷身體。

「人不再變成貧困或富庶了；兩者都是過重的負擔，誰還希望統治？誰還願意服從？兩者都是過重的負擔。

「沒有牧人，只是一羣牛羊！大家都期望相同，大家是相同的。誰若要想特殊，就自甘走進瘋人院。

「『從前全世界都是瘋人。』最優秀者說，他們還眨眨眼。

「他們都是聰明的人，並且知道一切發生過的事：所以沒有嘲笑的對象。人們常常爭吵！但旋即調解了——否則有傷於他們的興味。

「日間，他們有他們的小小歡樂；夜晚，他們也有他們的小小歡樂，但他們留意到自己的健康。

「『我們已經發現了幸福。』最後的人說，並且他們眨眨眼。」

到這裏，查拉圖斯特拉第一次講話算是結束了，可稱這為「前言」。因為說到這裏，他的話被羣眾的歡呼與吶喊打斷了：「給我們最後的人，啊！查拉圖斯特拉！」他們喊著。「使我們成為最後的人！那麼我們便把超人贈與你！」所有的羣眾都激動得咂唇鼓舌。然而查拉圖斯特拉卻抑鬱不樂，暗自想：

「他們不了解我：我的嘴不為這些人的耳朵說話。我似乎在山林中住得太久了，我聽得過多的流水淙淙與蒼樹默語，現在我和他們說話，一如對牧童說話。

我的心靈清明、寧靜，猶如黎明時的高山。但他們以為我是冷酷的，並且以為我

是位冷漠而刻薄的嘲笑者。現在他們看著我而發笑，當他們發笑時仍憎恨我。他們的笑聲中含有冰霜。」

六

於是，使大家瞠目咋舌的事情發生了。在這同時，走索者的表演開始了：他從小門裏出來，沿著軟繩而走，那繩索繫於兩塔之間，懸在市場和羣眾的上面。當他剛走到中間時，那小門再度打開了，一個彩衣小丑跳將出來，急步緊隨著第一個人。

「向前走呀！跛子！」他發出可怕的叫喊聲。「向前走呀！懶骨頭，蹩腳鬼，蒼白臉，你要我用腳跟踢你嗎！你在這兩塔之間幹嘛？那塔內才是屬於你的地方，你應該鎖在裏面，你堵住路，妨礙了勝過你的人。」他每說一句話，便更形接近；但當他只差一步路時，可怕的景象發生了，使得每個人都目瞪口呆著，他像魔鬼似的呼喊著，並且躍過擋他路的人。然而，這人看到他的對手業已取勝，霎時失了神，在繩上的腳踏了空；他拋開了長竿，手腳旋風似地向下墜，瞬刻間，市場變成了如遇暴風雨的海面，羣眾相擠避開，特別是走索者要墜落的地方。

然而，查拉圖斯特拉並未移動，那摔下來的身體正好栽到他的跟前，完全傷毀了，但還仍有一絲氣息。過了一會兒，這碎骨者恢復了知覺，他看到查拉圖斯特拉蹲在他旁邊。

「你在這裏做什麼？」最後他問說。「我很早就知道惡魔要陷害我。現在他把我拉進地獄裏去。你阻止他嗎？」

「我的朋友，用我的名譽擔保，」查拉圖斯特拉回說：「你所說的一切都不存在：沒有魔鬼，也沒有地獄。你的靈魂會比你的肉體先死：再沒什麼可害怕的了。」

這人遲疑地看著他。「如果你所說是真的，」他說：「當我的生命消失時，我毫無損失。我只不過是隻野獸——受鞭笞與薄酬而被教以舞蹈。」

「完全不一樣，」查拉圖斯特拉說：「你已經為你的職業而冒險；以此，再沒有什麼可輕視的了。現在你因你的職業而喪生，為此，我將以我的雙手來埋葬你。」

當查拉圖斯特拉說完這話，這垂死者沒再回答了；但他搖搖手，宛如要和查拉圖斯特拉握手以示謝意。

七

接著，黃昏來臨，市場罩上一層幽暗。於是羣眾消散了，奇蹟與驚擾漸漸疲憊了。然而查拉圖斯特拉仍然呆坐在地上的屍體旁邊，沉思默想，以致於忘卻時間。最後，黑夜來臨，冷風吹颳著這孤獨者。於是查拉圖斯特拉站起來，並向他自己內心說：

「的確，查拉圖斯特拉今天的收穫還不錯！他捉到的不是一個人，而是一具屍體。

「人的存在是怪誕的、陰鬱的，而且沒有意義：一個小丑便成為人類不幸的命運。

「我想教人們以生存的意義——那是超人，出自於濃雲中的閃電人。

「但我與他們仍然相距很遠，我的意識不能傳達於他們的意識。對於人類，我仍是居於傻子與死屍之間的東西。

「夜是幽暗的，查拉圖斯特拉的路途也陰暗了。來吧！你這冷僵的伴侶！我要用雙手來埋葬你。」

八

當查拉圖斯特拉向內心這麼說，他把屍體荷在肩上走向他的路。但還沒有走上百步，就有一個人悄悄地走向他，對他低聲耳語——看啊！這個人正是那塔裏出來的小丑。

「離開這市鎮吧！查拉圖斯特拉，」他說：「這兒恨你的人太多了。正人君子都恨你，視你為他們的敵人和藐視者；一切有真信仰的人也恨你，視你為羣眾的危險人物。大家都在嘲笑你，這正是你的運氣；真的，你說話好像小丑一樣。和這死狗在一起也正是你的運氣；今天，由於你如此自謙而救了自己的命。然而，離開這市鎮吧！否則明天我將在你身上跳過，一個活人跳過一具屍體。」說完這話，小丑旋即消失；但是查拉圖斯特拉仍繼續走過黑暗的街巷。

到了城門口，遇上一羣掘墓者，他們用火把照著他的臉，認出是查拉圖斯特拉就嘲笑他：「查拉圖斯特拉正搬著這死狗，好呀！查拉圖斯特拉何時竟變成葬墳的人了，我們的手要拿這塊肉還算太乾淨了，查拉圖斯特拉想偷走魔鬼的食物嗎？好吧！祝你有一頓盛餐。只要魔鬼不比查拉圖斯特拉更會做賊——他會竊取他倆，他會吃掉

他倆！」他們抱在一起相顧而笑。

查拉圖斯特拉沒回話，繼續走他的路。當他走了兩個鐘頭，穿過森林沼澤，他聽到許多餓狼在嗥叫，他自己也感到飢餓了。於是他便停在一個有火光的獨屋前。

「飢餓襲著我，」查拉圖斯特拉說：「像個強盜，沿著森林沼澤，飢餓一直襲著我，在這深夜。我的飢餓是反覆無常的，往往來自於飯後，今天一整天都沒來，到何處去了？」

於是查拉圖斯特拉敲著門，一位老者攜著燈光出現，問說：「誰來這兒，使我不得安眠？」

「一個活人和一個死人。」查拉圖斯特拉說：「請給我一些吃的喝的東西，白天我忘記了吃喝。凡是給飢餓者進食的人，他的靈魂是甦醒的，心神是愉快的，這是智慧之言。」

老者走進去了，但隨即回來，遞給查拉圖斯特拉一些麵包和酒，「對於飢餓者，這是個壞地方。」他說：「這是我為什麼要住在這裏的原因，禽獸和人都到我這隱者的地方來。叫你的同伴也吃點喝點吧！他比你還要疲倦。」

查拉圖斯特拉說：「我的同伴死了，我不能勸他進食。」「那不關我的事，」老者沉重地說：「凡是叩我門的人，一定要帶走我所獻給他的東西，吃吧，再見！」

於是，查拉圖斯特拉又繼續走了兩個鐘頭，踏著星光上路；因為他慣於夜行，他喜歡看一切沉睡的面容。但當天色微明，查拉圖斯特拉發覺他自己走入森林深處，找不到一條出路了。於是，他把那死人放在高過人頭的空樹穴裏——因為他想這樣可以避免豺狼的吞噬——他讓自己就躺在地面的蘚苔上，頭靠在樹下。瞬間他就入睡了，身體疲乏，而心靈安謐。

九

查拉圖斯特拉睡了很久，不但玫瑰朝霞飄過他的頭頂，而且已是旭日東昇了。最後，他的眼睛睜開來了，他驚異地注視著森林和沉寂，他驚異地瞧瞧自己。於是他急速地站起來，好像一個忽然發現了陸地的水手；他興奮地歡呼著，因為他發現了一個新的真理。於是他向內心這麼說：

「一線光啟示了我：我需要同伴——活的；而不是那可由我任意搬運的死的同伴和僵屍。我需要活的同伴，他跟隨我，因為他們要跟隨自己——到我要到的地方去。

「一線光啟示了我，查拉圖斯特拉不向羣眾說話了，只向伴侶說話！查拉圖斯特拉不做牧羣的牧人和牧羊犬。

「從牧羣中誘取許多——我為這目的而來。羣眾和牧羣一定會怨怒我；牧人將稱查拉圖斯特拉為強盜。

「我稱之為牧人，但他們自稱為好人和正人；我稱之為牧人，但他們自稱為有真實信仰的人。

「看看這些正人君子！他們最憎恨誰？那打破他們的價值標榜的人，破壞者、律法破壞者——然而他卻是創造者。

「看看這些有真實信仰的人！他們最恨誰呢？

「那些打破他們的價值標榜的人，破壞者、律法的破壞者——但他才是創造者。

「創造者尋找的是同伴，不是死屍，並且既不是牧羣，亦不是信徒。創造者尋求共同創造者（Fellow Creators）——他們在新的標誌上，寫下新的價值。

「創造者尋求同伴，以及共同收穫者，因為一切東西都已成熟，以待他來收割。但他缺少百把鐮刀，所以他拔起麥穗而困惱。

「創造者尋求同伴，那些人知道如何磨礪他們的鐮刀，他們會被稱為破壞者，以及善與惡的藐視者——但他們卻是收穫者和歡欣者。

「查拉圖斯特拉尋求共同的創造者；共同的收穫者以及共同的歡欣者，他和那些牧羣和牧人和死屍做些什麼呢？

「而你，我的第一個伴侶，靜靜地安息吧！我已經把你葬好在空樹穴中，我已經把你隱起，隔離了豺狼。

「但時間又到，我要離開你了，在朝霞之間，我得到了新的真理。

「我不是牧人，我不是葬墳者，我不再和羣眾談論了；我已經最後一次向死者說話。

「我將要聯結創造者、收穫者和歡欣者！我將指示他們以彩虹，以及臻至超人之境的一切階梯。向孤獨的隱居者，我將唱我的歌曲，也向成雙的隱居者；還有曾經聽過的人，我將以我的快樂充滿著他的心。

「我將走向我的目標，奔向我的前程，我將跳過那些猶遲、徘徊與懶散者，因而，我的前進便是他們的落後。」

一〇

查拉圖斯特拉內心如是說著，此際業已日正當中。他聽到一陣尖銳的鳥聲，疑惑地望望蒼穹。看啊！一隻蒼鷹在空中翱翔、盤旋，牠身上懸著一條長蛇，但不像是牠的獵物，倒像牠的女友——因為長蛇正繞著牠的頸子，以免摔傷。

「這些都是我的動物。」查拉圖斯特拉說著，內心充滿愉悅。「太陽底下最驕傲的動物，太陽底下最最聰敏的動物——他們外出尋覓。他們要曉得查拉圖斯特拉是否仍然活著。真的，我仍然活著嗎？我發現跟人類生活，較諸與鳥獸同棲要危險得多；查拉圖斯特拉走的是驚險的路，願我的動物替我領路吧！」

當查拉圖斯特拉說到這裏，他記起森林裏那聖者的話；他長長地歎一口氣，而向內心如是說：

「願我更聰明些！願我能全然的跟我的蛇一樣聰明！但我的要求是不可能的，所以，我僅願我的驕矜與我的智慧永遠在一塊。一旦我的智慧捨我而去啊！呵，它多愛好飛去——那時，讓我的驕傲與愚昧一起飛去吧！」

如是，查拉圖斯特拉開始降臨人世。

三個變像

我告訴你們精神的三種變像：精神如何變為駱駝，再由駱駝變成獅子，最後由獅子化作嬰兒。

精神面對著許多艱辛的事物，強韌誠敬的精神可以承擔這些沉重的負荷；這些艱難與最艱難的重擔，正是它的強韌所期求的。

什麼是艱難的呢？能承擔負荷的精神如此問道，像一頭想承負重載的駱駝般地跪下。英雄們，什麼是最艱難的呢？能承擔重荷的精神如此問道，我能承擔重荷而欣幸自己的強韌？豈不是自謙而傷其高傲，讓愚昧顯揚而譏諷其智慧？

或是：正當勝利時而捨棄自己的主張？登高山去勾引誘惑者？

或是：以知識之果與草為糧，為真理而使自己的靈魂挨餓？

或是：在病中拒絕安慰者，與那永遠聽不見你要什麼的聾子交朋友？

或是：不顧汙穢地躍入真理之水，而不嫌棄冷蛙與熱蟾蜍？

或是：愛那些鄙視自己的人們，向那想要驚嚇我們的魔鬼伸出一隻手？

這一切最艱難的事都由堅忍負重的精神承擔起來，像負重奔向沙漠的駱駝，精神也奔往它的荒漠。

在寂寞的荒漠中，發生第二個變像：在這裡，精神變成獅子，他攫取自由，使自己成為荒漠之王。他尋找他最後的主人，他要與這最後的主人以及最後之神決鬥，與巨龍決戰以奪取根本的勝利。

誰是那精神不願稱為主人與神的巨龍呢？「你應該」是它的名字。但獅子的精神說：「我要。」

「你應該」擋在途中，像頭全身披掛鱗甲的野獸，金光閃閃，每塊鱗片上閃著「你應該」的金光。

數千年的價值閃耀在這些鱗片上，於是群龍中最權威者如此說道：「萬物的一切價值閃耀在我身上，一切價值都已創造，而我就是這一切已創造的價值。誠然，不應再有『我要』。」這龍如此說。

我的兄弟們，為何精神中需要獅子呢？那謙讓誠敬而載重的動物有何不足呢？創造新的價值——即使獅子也做不到，但是為了創新而取得自由——這是獅子能力所及的。

創造自由與向義務表示一個神聖的否定——為此，兄弟們，則需要獅子。取得新價值的權利——這是誠敬而能負重的精神最可怕的承擔。誠然，對它而言這是一種掠奪，一種肉食猛獸的行為。

從前他曾以「你應該」為最神聖之物；如今他必須從最神聖之物中尋找幻影與隨想，自其愛中解放自由或成為他的掠奪物，這種掠奪正需要獅子。

然而，兄弟們，什麼又是嬰兒所能而獅子所辦不到的呢？為什麼具掠奪性的獅子又必須化作嬰孩呢？

孩童天真善忘，是一個新的開始，一種遊戲，一個自轉的輪，一個最初的運動，一個神聖的肯定。兄弟們，對創造遊戲而言，必須有這麼一個神聖的肯定；精神有了

它自己的意志，從前他曾迷失於世，如今要贏回他自己的世界。

我已告訴你們精神的三個變像：如何由精神變為駱駝，再由駱駝變成獅子，最後由獅子化作嬰兒。

來世論

從前，查拉圖斯特拉也曾如所有的來世論者一般，將他的幻想推到人類之外，世界對我而言，好似一個受苦受難的上帝之作品。

那時，我覺得世界好像一場夢，又如上帝編織的故事，一個不甚滿意的神眼中的彩色煙霧。

善與惡、苦與樂、我與你——我覺得都是創造者眼中的彩色煙霧，創造者希望脫離自我而遠望，於是他創造了世界。

受苦的人不顧自己的苦楚而迷失自我是一種沉醉的快樂，世界於我而言也曾是沉醉的快樂與自我遺失。

這世界，是永不完美的，是一個永遠矛盾的形象，一個不完善的形象是它不完美創造著一種沉醉的快樂，我曾這麼看世界。

所以我也曾將自己的幻想推到人類之外，一如所有的來世論者；但是，真正拋擲到人類以外了嗎？

唉，兄弟們，我所創造的這個上帝，和其他所有的上帝一樣，是人造的，是一種妄想。他也是人，只不過是人與自我的一個可憐的樣本，是個從我自己的灰燼與火焰中產生的鬼影，而不是從人類之外來的。

是怎麼回事呢？兄弟們，我克服了一個受難者的自我，我帶著自己的灰燼走向深山。我為自己燃起了熊熊之火，看吧，這個幻影就離我而去。

現在，相信這樣的幻想對我與病癒者都是一種苦痛；於我而言，是苦痛與羞辱。我對來世論者如是說。

苦痛與無能製造了來世——只是受苦最深者，才能體驗這個來世以及瞬間的幸福之狂想。

疲倦而奢望的一躍，致命的一躍而登極，可憐無知的疲倦不想再有任何願望；這

造成了一切上帝與來世。

相信我，兄弟們。這是肉體對肉體的絕望，以一個迷惘了的精神的手指去觸摸盡頭那堵牆。

相信我，兄弟們。這是肉體對大地的絕望，聽到存在的腹腸向它說話。它想以頭穿透盡頭的那堵牆，而且不只用頭——伸入到「另一個世界」去。

但是「另一個世界」深藏著而不顯現於人前——那無人性的非人世界，是天上的虛空；存在的腹腸從不向人說話，除非他自己是人。

誠然，一切存在皆難於證明，也很難使它說話。告訴我，兄弟們，一切事物中最奇特的，豈不是那已被證明為最完整的嗎？

是的，這個自我與自我的矛盾和困擾，尚且最真誠地述說它的存在——這個創造的、意志的、評價的自我——是事物的衡量與價值。而這最真誠的存在，自我，即使在其詩化、狂熱又斷翼而飛時，也談及肉體，也需要肉體。這個自我學著更能真誠的說話，而它學得越多，就越能找到讚美肉體與大地的文詞。

我的自我教我一種新的驕傲，我便教給人們：不再埋首於天上事物的沙群中，而自由地昂起頭來，為大地創造意義。

我教人們一種新的意志：循著人類茫然走過的路而前行，肯定它，並且不再像病人與垂死者般地溜走。

病人與垂死者鄙視肉體與大地，因而發明了天國與贖罪之血，但是這甜美卻是陰沉的毒藥，他們仍然取自肉體與大地！

他們想逃離困苦，而星辰卻又過於遙遠。於是他們嘆道：「要是有條天路可以溜到另一個生命與幸福中，那該多好！」於是他們發明一些詭計與幾劑含血的藥。

這些人自以為已脫離了自己的肉體與大地，猶無感恩之意。但是誰給了他們超脫的痙悸與狂喜呢？還是他們的肉體與這個大地。

查拉圖斯特拉對病人是溫柔的。誠然，他並不惱怒於他們那種舒適與不感恩的態度，願他們能痊癒、制勝，並為他們自己造更高貴的身軀！

查拉圖斯特拉對新癒者也不生氣，即使那人留戀夢幻，半夜裡在神的墳墓旁遊蕩；即使如此，我仍認為他眼淚中帶著病，是個病身。

許多病人是好詩化者與冀求神的人中的一部分，他們痛恨愛好知識的人，以及那

個名喚「誠實」的最新的美德。

他們永遠回頭觀望黑暗時代。當然，幻想與信仰在那時又是另一回事；理智的錯亂是種神道，懷疑卻是罪惡。

我太知道這些像神的人們，他們要別人相信他們，懷疑就是罪惡，我也十分清楚這些人對什麼有信心。

誠然，不是來世或贖罪的血滴，而是最信仰肉體，他們將自己的肉體視作事物之本。

但他們仍覺是一個病物，而樂於脫去這層軀殼。於是，聽說教死亡的人，自己傳頌來世。

兄弟們，不如傾聽健康之軀的呼聲，那是一個更真誠和純淨的聲音。這個健康、完美又方正的肉體更真誠又純淨地說道：它述說著大地的意義。

查拉圖斯特拉如此說。

蔑視肉體的人

我要向那些蔑視肉體的人說。我不會要他們用不同的方式去學與教，只不過要他們向自己的肉體告別——如是沉默下去。

「我是肉體與靈魂。」孩童如此說。為什麼人們不能像孩童般如此說呢？

但是醒悟者與明理者說：我完全是肉體，別無其他；靈魂只是有關肉體的一種稱呼而已。

肉體是一個極大的理智，一個僅有一種意義的複體，是戰爭與和平，是羊群與牧羊者。

我的兄弟，你那稱為「精神」的小理智，是你肉體的一個工具，你的大理智的一個小小的工具與玩物。

你說「我」，並以此為驕傲，但是更重要的是你並不寄望信心於此。你的肉體與主宰的大理智，它不說「我」，卻塑造「我」。

意識所感覺的與精神所感知的，本身並無目的。但是意識與精神卻要使你相信它

們是一切事物的目的——其無用若此。

意識與精神不過是工具與玩物——其後仍有自我存在。自我也用意識之眼去看，以精神之耳去聽。自我永遠傾聽與尋索；它比較，壓制，征服，破壞。它控制，包括控制著我。

在你的思想與感情之後，我的兄弟，站著一個強力的統治者，一個無人知曉的哲人——他的名字就是自我，他在你的肉體中蟄居，他就是你的肉體。

你肉體中的理智多過在你最高智慧中的理智，誰又知道你的肉體就需要你最高的智慧呢？

你的自我嘲笑，你的自我意識，與它的無畏的一躍。「這些跳躍與思想的飛揚對我而言是什麼呢？」它對它自己說：「是達到我的目的之旁徑，我是自我的引導，更是它觀念的提示者。」

自我向「我」說：「感到一點痛苦吧！」於是「我」即受苦，並去思考如何免去這些苦痛——這就是為什麼它是被迫去思考的。

自我向「我」說：「覺到一些快樂吧！」於是「我」就歡悅，並去思考如何能保持常樂——這就是為什麼它是被迫去思考的。

我要向蔑視肉體的人說，正由於他們尊重，於是他們輕蔑；是什麼創造了尊重與輕蔑，價值與意志呢？有創造力的自我造就了尊重與輕蔑，它創造了歡樂與苦痛。而有創意的肉體創造了精神來作為它意志的一隻手。

你們這些蔑視肉體的人，即使在你們的愚行與輕蔑中，你們也是為了自己。我告訴你們：你們的「自己」，它本身也想死去，逃開生命。它已不能再做它願做的了——創造高於它自己的事物。這才是它最樂於去做的事，最熱切的願望。

然而現在已太遲了。因此，你的自我甘願墮落。噢！你們這些蔑視肉體的人啊！你們的自我甘求墮落。這就是你們之所以是蔑視肉體者的原因！正因為你們不再能創造比自己更高超的事物。

這就是為什麼你們怨恨生命與大地，但是你們那輕蔑不屑的目光中，正顯露著不自覺的嫉妒。

我不走你們的道路，噢！蔑視肉體的人啊！你們不是通往超人的橋樑。

查拉圖斯特拉如此說。

讀與寫

在一切作品中，我只愛那些作者用心血寫成的書。用心血去寫，你就能體會到，心血就是精神。

別人的心血是不容易去了解的，我痛恨那些讀書只為著消遣的人。無論誰知道讀者是些這樣的人，都不會為他們盡力。再有一世紀這樣的讀者——精神本身也會陳腐了。

若叫每一個人都去學習讀書，久而久之，不但損傷寫作，同時也有害思想。從前精神便是上帝，後來變成人，現在更淪為賤人。

那些以心血寫作格言的人，是不願被人閱覽，而要人們背誦的。

兩山間最短的距離是由一個山峰到另一個山峰；但是你必須有長腿才能跨越。格言便如山峰——它所訴說的人，應當是偉大高強的。

空氣稀薄而純潔，幾近於危險，精神充滿了嘲弄之喜悅——這些東西在一起極為相配。

我要妖魔在我四周，因為我是勇敢的。勇氣驅逐鬼怪，又為它自己製作出妖魔——勇氣發出傲笑。

我不再和你們同感，我俯視下面這一片雲層，我笑它的烏黑與沉重——這是你們的雷雨雲。

當你想上升時你朝上仰望，我向下看，因為我在高處。你們之中誰能暢笑又往上升呢？攀上最高峰頂的人，將笑迎一切悲劇，以及悲劇的嚴肅。

勇敢，無忌，輕蔑，逞強。智慧要我們如此，她像一個女人，永遠只愛一個戰士。

你們對我說：「生活是難以忍受的。但是你又為什麼在晨間意氣昂揚，在夜間卻恭順退讓呢？」

生命是難以忍受的，但是不要做出那柔順的樣子，我們全都是負重的雌雄驢子。我們和那些在一滴露水的重壓下顫抖的玫瑰花苞，有何相同之處呢？

不錯，我們熱愛生命，但是並非由於我們慣於生活，而是我們慣於愛。愛中永遠有些瘋狂的成分，但瘋狂中也往往有理性的成分。

對我這個熱愛生命的人而言，蝴蝶、肥皂泡以及與此類似的人物，似乎都最了解快樂。當看到這些輕佻、愚昧、雅致又靈活的小靈魂，查拉圖斯特拉就忍不住落淚而歌。

我只願相信一個會舞蹈的神。而我看到我的魔鬼，我覺得他嚴肅、精細、深沉又虔敬。這是濁重的精神，萬物因他而倒下。

擊殺不以憤怒，而以歡笑。來吧！讓我們擊殺這濁重的精神吧！

我學會了行走。此後，我便讓自己奔跑；我學會了飛翔。此後，我便不願被強推著前進。

現在我很輕巧，現在我能飛翔，現在我見到自己在我之下，現在有個神舞蹈著通過我。

查拉圖斯特拉如此說。

新偶像

某處仍有民族與人群，但不在我們這裡，我的兄弟們，這裡只有國家。國家？那是什麼？好吧！張開你們的耳朵聽吧，我現在要告訴你們民族是怎麼滅亡的。

國家是一切冷酷的怪物中最冷酷的。它同時也冷酷地說謊，這個謊言從它口中爬出：「朕即國家，朕即民族。」

這是一個謊言！創造者創造了民族，更給他們高懸了一個信仰與一個愛——由是他們為生命服務。

是破壞者給大眾設下陷阱，而稱之為「國家」——他們高懸一把刀與百種欲望。

凡是有民族的地方，則不知道有國家，並且痛恨它加之如惡眼，憎之如一種違背習慣與法律的罪惡。

我給你們這個標記。每一個民族都有它自己述說善惡的語言，這是其他鄰族所不能了解的。它也發明自己有關習慣與法律的語言。

然而國家以各種各樣善惡的語言說謊，它所說的全是謊言，所有它擁有的東西全

都是偷竊而來的。有關它的一切都是虛假的；它用偷來的牙齒去咬，即便是它的內臟也是虛假的。

善惡語言的錯亂，這個我給你們當作是國家的標記。誠然，這個標記象徵求死之意。誠然，它招引死亡的說教者。

多餘的人降生在這世上，國家是為多餘者而設的。

看看，它是如何引誘這些多餘者，它是如何吞食他們，咀嚼他們，又反芻地細嚼！

「世上沒有比我更偉大的，我是上帝發令的手指。」這怪物如此咆哮著。而在地上跪拜的不只是些長耳和短視的人。

啊！對你們也是，你們這些偉大的靈魂，它也低訴著黑暗的謊言啊！它察覺到那些正在浪費自己的雄心。

真的，它也察覺到你們，你們這些古神的征服者。你們因爭戰而疲乏，現在你們的疲乏仍祀奉著新偶像。

這個新偶像想找英雄與榮耀的人環繞在它周圍！它喜歡取暖於良心的陽光裡，這冷酷的怪物！

若你崇拜它，這個新偶像會給你們一切。如此它收買你們的美德之榮耀，以及你們驕傲目光的盼顧。它將利用你們作為鈎取多餘者的餌。

真的，這裡有個地獄般的毒計，一匹死亡之馬，配著神聖光耀的羈勒而叮噹作響。是的，這裡有許多人的死亡，又當作生命般地頌揚自己。誠然，對死亡的說教者是項極大的服務！

我稱為國家的地方是善惡都飲毒之處；國家，是善惡皆迷失自己的地方；國家，是一切人的慢性自殺被稱作「生活」的地方。

看看這些多餘的人吧！他們盜取發明者的作品與智者的寶藏而擁為己有；他們稱這種偷竊行為為「教育」——所有的事情都轉成疾病與不幸。

看看這些多餘的人吧！他們永遠是病態的；他們吐出自己的肝膽而稱之為報紙。他們彼此吞食，卻無法消化自己。

看看這些多餘的人吧！他們聚集財富，自己卻變得更窮。他們渴望權力，尤其是權力之柄，與許多金錢——這些無能的人！

看他們這些矯捷的猴子怎樣攀緣吧！他們爬在彼此身上，而在泥沼深谷中推擠。他們都想得到寶座，這就是他們的瘋狂，好似快樂就坐在這寶座上。汙泥時常生長在寶座上，寶座也常坐在汙泥上。我覺得這些爬行的猴子與過於熱中的人都有些瘋狂。他們的偶像，那個冷酷的怪物，已經腐臭——這些崇拜偶像的人在我聞來也已腐臭。

我的兄弟們，你們想在他們口氣與欲望的氣氛中窒息嗎？不如破窗而奔向自由。

逃開臭味！遠離多餘者的偶像崇拜！

逃開臭味！遠離以人為犧牲的煙霧！

偉大的靈魂現在仍可在大地上尋到自由，仍有許多空間留予孤獨者與結伴者，任由靜海之氣輕吹。

對偉大的靈魂而言，自由的生命仍是自由的。誠然，占有越少的人，也被占有得更少，清貧是可欽佩的！

只有在沒有國家的地方，才找得到必要的人；才有必要之歌——那獨一無二的曲調。

那裡是沒有國家的地方。看那裡，我的兄弟們！你們不見彩虹與超人之橋嗎？

查拉圖斯特拉如此說。

市場之蠅

溜吧，我的朋友，逃到你的孤獨裡！我見你因大人物的嘈雜而昏眩，又被小人物的針刺得遍體鱗傷。

森林與岩石知道如何與你保有莊嚴的沉默，就如那棵你愛的樹——它伸展在海上，靜靜地傾聽。

凡是孤寂終止的地方，就有市場；凡是市場開始的地方，也就開始有名伶的喧鬧與毒蠅的營營。

在這世上，如果沒人展示表演，再好的事物也不被重視；人們稱這些表演的人為大人物。

群眾很少了解什麼是偉大——那便是，創造。但他們對所有偉大事物的表演家及演員，卻極為注意。

世界圍繞著新價值的發明者而轉移，這種轉移是無形的。但是群眾與聲譽是圍繞著演員們而轉移的，這就是「世界之道」。

演員也有精神，卻缺乏精神的良知。他永遠信任那些他能激勵最忠實信心的東西——對他自己的信心。明天他將有一個新的信心，再過一天，將有一個更新的信心。他像群眾一樣，有敏銳的知覺和多變的性情。

顛倒先例，對他而言，就是證明。令人迷糊，就是所謂的說服。他認為血是一切最佳的理由。

一個真理，若只是靜悄悄地滑入敏銳的耳中，他就認為是謊言與空話。誠然，他只相信那種在世上鬧哄哄的神。

市場上充滿著堂堂皇皇的丑角，而人們以這些大人物自豪，認他們作當今的主人。

但是時間緊逼著他們，他們就轉而壓逼你。他們也想由你得到一個「是」或「否」。唉！你想將你的椅子放在順逆之間嗎？

愛真理的人啊！不要妒忌這些絕對而又會逼迫的人。真理還未曾挽過絕對者之臂。

瞧瞧這些唐突之徒，還是回到你的安全裡去吧。只有在市場上，一個人才會被「是」或「否」這類問題所困擾。

漸進是所有深井的經驗。在它們知道什麼東西掉入它們深處之前，它們必須等待良久。

一切偉大之物，都是遠離市場與聲譽才發生的。新價值的發明者居住在遠離市場與聲譽的地方。

溜吧！我的朋友，逃入你的孤獨裡。我看到你滿身都是毒蠅，逃到那空氣新鮮又強烈的地方去吧。

逃入你的孤獨裡！你與小東西、與可憐蟲生活得太接近了。逃離他們不可見的報復！他們對你除了要報仇之外就一無別的目的了。

不要再伸手去抵抗他們。他們是無數的，你也不是命定要作蠅拍的。

這些小東西與可憐蟲是無數的，許多高聳的建築在雨滴與野草侵蝕下而頹毀。

你並不是石頭，卻已被雨水滴穿而中空。你還會被更多的雨水侵襲而摧裂。

我見你被毒蠅所侵擾，百處流血；你的驕傲甚至拒絕動怒。他們無顧忌地渴求你的鮮血，那些無血之魂貪吸鮮血，於是他們肆無忌憚地螯咬。

但是你，你這深沉的人，即使那些小創傷也讓你劇痛。在你還未復元之前，這些毒蟲又爬上你的手。

你的驕傲令你不會去殺死這些貪食者。但是你必須明白，一旦你承受所有這些惡毒的不平，就有傾倒的危險。

他們也以讚頌圍繞於你左右，他們的讚美更平添你的困擾。他們只想在你的皮與血附近。

他們奉承你為神或魔鬼，他們也如在鬼神面前一般對你哀泣。這又怎麼樣呢！他們只不過是奉承者與哀泣者而已，無他。

他們也時常和悅可親，但那只是怯懦者的用心。確實如此，怯懦的人用心是很深的！

他們經常用他們狹小的靈魂來度量你，你對他們而言永遠是個問題。任何常叫人思量的事情總會有問題的。

他們為你的所有美德而懲罰你，他們完全原諒你——你的錯誤。

因為你和善又正直，你說：「他們卑賤的生存並不是他們的罪。」但他們狹小的靈魂卻這麼想：「一切偉大的生存都是有罪的。」

即使你對他們和善，他們也認為你輕視他們，他們以隱藏的惡毒來報答你的恩惠。

你沉默的高傲總是有違他們的趣味；當你偶爾謙遜得一無所謂，他們便高興起來。

我們從某人身上看出什麼特質，也正是會激發他的地方；因此，留意這些小東西。

在你面前，他們覺得渺小，他們的卑劣在不可見的報復中放射燃燒。你可曾注意到，你走近他們時，他們就沉靜起來。你是否察覺到，當他們的力量消失時，就像火滅的餘煙一般。

是的，我的朋友，你在鄰人看來是壞良心，因他們與你是不相配的。於是他們恨你而想飲你的血。你的鄰人將永遠是群毒蠅，而你之偉大，正使他們更毒更像蒼蠅。

溜吧！我的朋友，逃入你的孤獨裡，那裡空氣新鮮又強烈！你命中是不該做蠅拍的。

查拉圖斯特拉如此說。

贈與的美德

一

當查拉圖斯特拉向他心中所懸念的「彩牛」城告別離去時，許多自稱他的弟子的人跟從他，於是他們來到一個十字路口。查拉圖斯特拉便告訴他們，他想獨自前行，因為他喜歡獨自而行。他的弟子們送他一根手杖作為臨別的禮物，手杖金製的柄上裝飾了一條繞著太陽的蛇。查拉圖斯特拉甚為高興，他倚杖而立。於是他向弟子們如是說：告訴我，金子是如何取得最高的價值呢？因為它稀有而無實用，散發著柔和的光澤；它經常奉獻自己。

只因作為最高德行的象徵，金子才能取得最高的價值。贈與者的目光閃爍如金，金色的光輝締結了太陽與月亮之間的和平。

最高的德行是稀有而無用的，它散發柔和的光輝；贈與的美德是最高的德行。

誠然，我看透了你們。弟子們，你們像我一樣追求贈與的美德，你們與貓和狼有何相同處呢？

這是你們所渴望的，把自己變為祭品與禮物。這就是為什麼你們渴望在靈魂中累積所有的財富。

你們的靈魂貪婪地追求寶藏與珍品，因為你們的德行無饜足地想要給予，你們強求一切事物歸向自己、納入自己，好使它們從你們的泉源中再湧現出來，成為你們的愛之禮品。

誠然，這樣的一種贈與的愛必須如盜賊般掠奪所有的價值，但是我認為這種自私是健全且神聖的。

另一種自私卻是既貧乏且飢餓，經常想要偷竊。這是一種病人的自私，病態的自私。

它以賊眼注視所有發光之物，用飢餓者的貪婪打量那些有許多食物的人，它經常

溜到那些慣於贈與者的桌邊。

疾病的言論源自這種不可見的退化，這種如賊般貪婪的自私顯現了一個有病的肉體。

告訴我，我的兄弟們：什麼是我們認為一切中壞的和最壞的呢？這不是退化嗎？凡是缺乏贈與靈魂之處，我們經常引申到這種退化。我們的道路是往上一層一層超越。但是我們憎惡那種退化的意識，它說：「一切歸我。」

我們的意識是向上的，所以它是我們肉體的表徵，一種上升的表徵。這種上升的表徵便是各種美德的名字。

於是肉體貫穿歷史，演變又鬥爭。而精神——它於肉體是什麼呢？是鬥爭與勝利的先驅、同伴與回響。

一切善與惡之名都是表徵，它們不定義什麼，只是暗示。只有傻子才向它們求取知識！

我的兄弟們，留意你的精神想要以表徵說話的每一刻，那裡便是你的美德之起源。

那便是你的肉體上升而又復生。以及祝福使精神愉快，成為創造者、評估者、萬物的熱愛者與恩人。

當你們的心像條大河般寬廣盈滿，對那些臨近的人或福或禍，這便是你們的美德之起源。

當你們超脫於一切毀譽之上，你們的意志想要使令一切事物，一如一個熱愛者的意志，這便是你們的美德之起源。

當你們蔑視舒適及柔軟的床，而唯恐自己睡臥處離軟床不夠遙遠，這便是你們的美德之起源。

當你們只有一種意志，而稱制服一切需求為一種「必要」，這便是你們的美德之起源。

誠然，這是一種新的善惡。誠然，這是一種新的沉吟，一個新泉源的聲響！

這個新美德便是權力，它是一個主宰的思想，一個聰明的靈魂環繞著它，一個金色的太陽與圍繞著它的一條知識之蛇。

二

到此，查拉圖斯特拉沉默了一會兒，充滿愛意地注視著他的弟子們，然後他又繼續說道，而他的聲音也改變了：

我的兄弟們，以美德的力量忠實於大地。讓你們贈與的愛與你們的知識，為大地的意義服務。我如此懇求與祈禱你們。

別讓他們飛離了大地的事物而振翅飛撞永恆之壁。唉，向來有好多美德都飛離而去。

要如我一般設法導引那些飛離的美德重返大地——歸返肉體、歸返生命，它或許能給予大地一個新的意義，一個人類的意義。

至今，精神與美德由百種途徑飛離遠去而犯錯。唉，所有這些妄想與過錯仍然居留在我們的肉體內，它們在那裡已變成肉體與意志。

至今，精神與美德由百種途徑嘗試而犯錯。是的，人類是一項實驗。唉，太多的無知與錯誤已成為我們肉體的一部分了。

在我們體內爆發的，不只是千年來的理性，也還有千年來的瘋狂。做一個繼承者是很危險的，我們仍然一步步地與機緣這個巨人爭鬥，直到現在只有妄謬統治著全人類——一點意義都沒有。

讓你們的精神與你們的美德為大地的意義服務，我的兄弟們，讓一切事物的價值由你們重新來評估。因為如此，你們成為戰士！因為如此，你們才能成為創造者！

肉體以知識來純淨自己；以知識做實驗，它提升自己；在知識愛好者中，所有本能成為神聖的東西；在昇華者內，靈魂轉為愉悅。

醫生幫助你自己，由是你也幫助了你的病人。讓他的最好的診治便是親見他的病人自癒自己的病痛。

有千條路徑未曾被人踐踏過——千種健康與人生奧祕的小島。即使到現在，人類與人類的大地仍有待被充分地開發與利用。

醒來傾聽吧！你們這些孤獨的人。從未來中吹來稍稍搏翅而飛的輕風，靈敏的耳朵聽到其中的好消息。

你們這些在當今孤獨又含蓄的人們，有一天你們將成為一個族類，自你們這些自選的人們之中，將產生一個精選的族類，而自其中，再誕生超人。

誠然，大地有一天終將成為百病皆癒的地方。即使如今已有一股新氣息圍繞著它，帶來解救，以及一個新的希望。

三

當查拉圖斯特拉說完這些話後，他沉默下來，好像一個尚未說完最後的話的人。他疑惑地轉拈著手中的手杖，最後他終於如此說道，他的音調又再度改變：

現在我要獨自而去了，我的弟子們。你們也獨自而去吧，這是我想要的。

誠然，我忠告你們。離我而去，提防著查拉圖斯特拉！更好的是，以他為恥！可能他騙了你們。

一個有知識的人不但要愛他的敵人，他更必須能夠去恨他的朋友。

一個人若永遠停留於只作為學生，他並沒能好好地報答他的老師。你們為何不想要扯碎我的桂冠呢？

你們崇敬我，但是如果有一天你們的這份崇敬傾倒了怎麼辦？別讓一個石像壓壞了你們。

你們說你們信仰查拉圖斯特拉？但是，這與查拉圖斯特拉又有何干呢？你們是我的信徒，但是，這與一切的信徒又有何干呢？

你們尚未找尋自己，卻找到了我。一切的信徒都是如此，因此這種信心也不值什麼了。

現在我要你們忘卻我而去找尋你們自己，只有當你們都捨棄我之後，我才會再回到你們這裡。

誠然，我的兄弟們，我將以不同的目光去尋找失去者，然後我將以另一種愛來愛你們。

到那個時候，你們將再度成為我的朋友，成為單一期望的孩童，然後我將第三度與你們再同在一起，與你們同慶偉大的正午。

那個偉大的正午，即是人站立於野獸與超人之間的中點，以一路慶賀著到夜晚當作他最高的希望，因為那是通往一個全新的清晨之道。

到那時，墮落的人祝福他自己已成為跨越過去而超前的人；他知識的太陽將為他在正午時高居。

「所有的神都死了，現在我們要超人活下去。」在那偉大的正午，讓此作為我們最後的願望。

查拉圖斯特拉如此說。

幸福之島

無花果從樹上落下，美好又香甜。當它們下墜時，它們的紅皮爆裂開來。我是使無花果成熟的北風。

於是，我的朋友們，這些教義如無花果般向你們墜下；擷取它們的汁液與香甜的果肉。這是秋色環繞我們，有著清朗天空的下午。

看，我們的四周是多麼充盛啊！從這豐裕中向遠方的大海望去是多麼地美好。從前當人遙望遠方的大海時，便說到神，然而如今，我已教過你們去說：超人。

上帝是一種假說，但是我希望你們的揣測不要超過你們的創造意志。

你們能創造一個上帝嗎？要不然就不要與我談論任何上帝。但是你們卻很可以創造超人。

可能不見得是你們自己，我的兄弟們。但是你們可以改造自己成為超人的父親與祖先們，讓此成為你最真的創造吧！

上帝是一種假說，但是我希望你們的揣測只侷限於那些可以想像得到的事物。

你們能想像一個上帝嗎？但是這對你而言應該是對真理的意志，所有的事物都可以被改變成為人所能想像，所見，所觸。你們應當由自己的感官中去想像至它們的極限。

你們所謂的世界，應當只能由你們來創造，你們的理性、形象、意志與愛應當由此而實踐。誠然，這是為了你們自己的幸福，你們這些知識的愛好者。

若沒有這個希望，你們這些知識的愛好者如何能忍受生命呢？你們不應生於不可思議者之中，也不宜生於非理性者之中。

但是，讓我向你們敞開我心中的一切，我的朋友們。如果真有上帝，我如何能不是上帝而支撐得下去呢！可見神是不存在的。我既得了這個結論，現在由它來引申我。

上帝是一種假說，但是有誰能盡受這個假說的苦痛而不至於死亡，他的信心該自創造者處取走，自鷹處取走他高翔於空中的本領嗎？

上帝是一種思想，這種思想使一切直的東西變彎，站立的倒下。是不是呢？時光消逝，而一切非永恆的東西不是只是一個謊言嗎？

這麼想就像人體的頭腦昏眩，腸胃嘔吐；誠然，揣測這些我稱之為頭眩病。我稱之為惡的，非人性的——這一切有關唯一的，絕對的，不動的，充足的，永恆的。所有永恆的，只是一個表徵。詩人說了太多的謊。

最好的表徵應當論及時間與轉變，讓它們作為一切非永恆之物的一種讚頌與驗證吧。

創造，這是痛苦的大解脫與生命的希望之光，但要成為一個創造者，卻需要許多苦痛與轉變。

真的，你們這些創造者，你們的生命中必有許多痛苦之死。如此，你們才是一切非永恆之物的庇護者與論證者。

要作為一個新生的嬰孩，創造者必須願意去做分娩的母親並忍受生產的痛苦。

誠然，我曾經行經過千百個靈魂、千百個搖籃與生產的苦痛。多少次我曾告別，我能體會傷心的最後時刻。

但是我的創造意志與我的命運願意如此。或者，更誠實地說：正是這種命運，是我的意志所願的。

我體內一切有感情的部分，都在受苦，一若被拘囚在牢中。但是我的意志永遠是我的解放者與帶來快樂的人。

意志解放一切，這是意志與自由的真義——因此查拉圖斯特拉以此教你們。

不再想望，不再評估，不再創造。啊，叫這個大煩惱永遠遠離我吧！

在知識中我也只感覺到我的意志在生產與轉變中的欣悅；假如在我的知識中還有真純，這是由於其中還有求生的意志。

這個意志指引我遠離上帝與眾神；如果眾神真的存在，還有什麼可創造的。

但是我熱切嚮往創造的意志再度驅策我走向人類，就像錘子鑿石一般。

唉，人呀，石中睡臥著一個影像，是我多種形象的一個影子。啊，它必須睡在最堅硬最醜陋的頑石裡！

現在我的錘子凶猛地敲擊它的囚牢。碎片如雨般自石上飛起，這與我何干呢？我想要完成它，因為一個影子向我而來——這萬物中最輕悄最細巧的事物它向我而來。

超人的美麗如影子般向我而來。啊，我的兄弟們，眾神們又與我何干呢？

查拉圖斯特拉如此說。

流浪者

近午夜時，查拉圖斯特拉開始跨越島上的山嶺，以便在清晨之前到達另一邊的海岸，因為他要在那裡登船出海。那裡有個很好的海灣，外國船隻也經常在那兒停泊，他們時常讓那些要離開幸福群島的人們乘船渡海。

當查拉圖斯特拉登山時，他回憶起自他年輕時起，他就經常獨自流浪，攀登過無數山脈、嶺巔與峰頂。

他對自己的內心說：我是一個流浪者、登山者；我不喜歡平原，我似乎無法靜坐太久。

無論未來的命運與經驗是什麼，其中必定有流浪與登山。終究，一個人所經驗的只是自己。

我尚能遇到機緣的時代已經過去了，有什麼是我尚未擁有而還能再降臨到我身上的東西呢？

那些回轉來的，那些最後回向我來的，是我自己，以及我自身中那些久居異地，飄散於萬物與機緣中的部分。

我還知道另一件事：我現在站在最後的峰頂之前，這是保存給我最久的最後之峰。唉，我必須面對我最艱辛的道路！唉，我開始走最孤獨的一段路！

但是任何與我同類者都無法逃避這樣的時刻，這時刻對他說：

「只有現在你正走上通往偉大之路！峰頂與深谷，它們已經合而為一了。」

「你正走在通往偉大的路上，現在那些向來是你最後的危險的，正在成為你最後的庇護之地。」

「你正走在通往偉大的路上，現在能給你最大勇氣的，是你後無退路。」

「你正走在通往偉大的路上，這裡誰也不能偷偷地跟著你。你自己的腳步銷毀了你後面的退路，上面寫著：不可能。」

「如果你現在缺乏任何梯子，你必須知道如何攀上你自己的頭頂。除此之外，你怎麼能向上呢？」

「登上你自己的頭頂，而且超越你自己的心！現在你身上最溫柔的部分必須仍成為最堅強的部分。」

「誰姑息自己，誰終究就會厭於過多的顧慮。能夠堅強的是值得祝福的！我不會去祝福那滿溢著牛油與蜂蜜的地方。」

「一個人必須學會從自我遠望出去才能看得更多，這種堅強的意識是每一個登山者所必備的。」

「但是知識的愛好者有太銳利的目光，他如何能看到所有事物跟前以外更多的東西呢？」

「但是你，啊！查拉圖斯特拉，你想要看所有事物的根本與背景，因此你必須攀越你自己——向上，直升至你的星群都在你之下！」

是呀！往下俯視我自己，甚至俯視我的星群，這樣我才能到達我的峰頂。那保留給我的終極峰頂。

查拉圖斯特拉在登山時如此對自己說，用堅硬的言辭安慰自己的心，因為他的心從未如此悸痛過。當他到達山嶺的高處時，看啊！另一邊大海展現在他面前，他無言地靜立良久。但是在這高處，深夜是清涼、明朗而又星光燦然的。

他最後終於悲哀地說：我認清了我的命運。好吧！我已準備就緒，現在我最終的孤獨開始了。

唉！我腳下這片黑暗又陰鬱的大海啊！唉，這沉重如噩夢似的哀愁啊！唉，命運與海！我必須下降於你們！

在我之前是最高的山脈與最孤獨的流浪；為此，我必須下降到我從未曾經歷的低處，降到它最黑濁的波流裡。這就是我命運所要的。好吧，我已準備就緒。

我曾經問道：最高的山由何處而來？後來我知道它們來自海上。

這證據寫在它們的岩石和峰頂的牆上。最高者之所以能達到它的高度，是因為它來自最深的低處。

查拉圖斯特拉在寒冷的峰頂上如是說，但當他走到近海而終於獨自站立在峭壁之間的時候，他已經因長途跋涉而感到疲累，並有從未如此滿溢的熱望。

他說，現在一切都尚在沉睡，甚至連大海也在沉睡中。它兩眼矇矓地茫然地望著我。

但是我感覺到它的呼吸是溫暖的，我也感到它像在做夢一般。夢中它在硬枕上翻覆不安。

聽啊！聽啊！它如何地低吟著不快的回憶呀！也許是不快的預告吧？

唉！我與你一同哀憂，你這黑暗的怪物，我甚至因為你而對我自己惱怒了。

唉！為什麼我的手如此軟弱無力呢！誠然，我願意將你從夢魘中解救出來。

查拉圖斯特拉邊說邊憂鬱刻毒地嘲笑自己。怎樣，查拉圖斯特拉，他說，你要向大海傾唱安慰之歌嗎？

啊！你這好心的傻子，查拉圖斯特拉，你太過於信任了。但是你一向如此，你一向對一切可怕之物都過於信任。

你一直都想寵愛每一隻怪物，一點溫暖的呼吸，掌爪間一點柔軟的茸毛馬上你便準備愛牠、引誘牠了。

愛是最孤獨者的危險，愛一切有生命之物。誠然，我的愛中的傻勁與謙卑是十分可笑的。

查拉圖斯特拉如此說並再度笑起來。但是，之後他又想起那些被自己遺棄的朋友們；好似在他的思想中對他們犯了錯誤，他竟因自己的這些念頭而對自己生起氣來。但是隨即他忽然又哭泣起來——因憤怒與熱望，查拉圖斯特拉哀痛地哭泣著。

信號

這夜後的第二天早晨，查拉圖斯特拉從他休息之處跳起，束緊腰帶，走出他的洞穴，強壯而粲然發光，好似旭日升起於黑暗的群山中。

「你這偉大的星球，」他一如前次那般說道：「你這深邃的幸福之眼，假使沒有那些被你照耀的人們，你的幸福在哪裡呢？如果你醒來之後來到此地，準備贈與和分布，他們卻仍藏在屋中，那麼你高傲的羞恥會如何地懊惱啊！」

「好吧！他們仍然睡著，這些高等人，而我卻已醒了。他們不是我真正的伴侶，我不是因為這些人而等在山上的。」

「我要去工作，開始我的一天，但是他們並不明瞭我早晨的信號，我的腳步聲並不足以喚醒他們。」

「他們仍在我的洞穴中沉睡，他們的夢仍飲著我的醉酒之歌。他們肢體上缺少傾聽的耳朵——為我傾聽的耳朵。」

當旭日上升時，查拉圖斯特拉對他自己的心如此說，然後他疑惑地向高處望去，因為他聽到頭頂上他的鷹尖銳的叫聲。「好吧！」他喊回去道：「這正稱我心，合我意。我的禽獸們也醒了，因為我醒了。我的鷹醒著並如我一般地崇敬太陽。牠用鷹爪捕捉新的光亮。你們正是我要的禽獸，我愛你們。但是我仍缺少適當的人。」

查拉圖斯特拉如此說，但是此時，他忽然覺得自己被無數隻飛鳥所環繞、拍擊，這許多翅膀的拍擊與他頭上的呼叫聲如此響亮，以致他閉上他的眼睛。誠然，這像一片雲樣地在他頭頂上，像一片箭雲射向新敵人。但是看吧！這只是一片愛之雲，懸在一位新朋友的頭頂上。

「我是怎麼回事呢？」查拉圖斯特拉驚奇的內心如此想，他慢慢地坐在近洞口的大石上。但是當他向四周上下揮動他的雙手，驅開熱情的鳥群，看啊！更奇特的事情發生了，因為他不知不覺地伸手摸到一叢溫暖的厚毛，同時他聽到面前的一聲吼叫——一聲柔和又悠長的獅吼。

「信號到了。」查拉圖斯特拉說道，他的心中起了變化。真的，當他面前亮了起來，一頭巨大的黃色野獸躺在他腳前，並將牠的頭依靠在他的膝頭上，因愛而捨不得離開，好像一隻與主人重逢的忠狗。但是鴿子們的愛並不亞於獅子，每當一隻鴿子掠過獅子的鼻前，獅子便搖搖頭，更驚訝地笑笑。

查拉圖斯特拉對這一切只說了一句話：「我的孩子們近了，我的孩子們！」然後他完全沉默下來。但是他的心鬆懈下來，淚水自他眼中落下，掉在他的雙手上。他不再注意任何事情，一無動靜地坐在那裡，也不再揮手驅趕周遭的禽獸。之後，鴿群們來回飛翔，停憩在他肩上，撫弄他的白髮，不厭於溫柔與歡樂。那頭強壯的獅子不斷地舔去落在查拉圖斯特拉手上的淚水，畏怯地吼著叫著。這些禽獸們如此做著。

這一切經過了很久一段時間，或很短的一段時間；正確地說，這類事情在世上是

沒有時間性的。正在此時，那些在查拉圖斯特拉洞穴中的正人君子已經醒來，排成一隊，向查拉圖斯特拉道早安。因為當他們醒來時，他們發現，他已不是他們之中的一份子。但當他們走到洞門時，他們的腳步聲先傳到洞外，獅子猛然跳起，忽然離開查拉圖斯特拉，狂叫著向洞門撲去。但當那些正人君子聽到獅子的吼聲，他們如出一口般地齊聲喊叫，他們回頭逃去。一瞬間即消失無跡。

然而查拉圖斯特拉他自己，茫然迷惑地自他的坐處起身四顧，站立著問他自己的心，並孤獨地反省：「我聽到什麼？」他最後終於慢慢地說：「剛才什麼發生在我身上？」他立即恢復了記憶，只一瞬間他便了解了從昨天到今日間發生的一切。「這石塊，」他撫弄著鬍鬚說道：「是我昨天早上坐過的；在此，那預言者走向我；在此，我第一次聽到方才我聽到的那種喊叫，那求救哀號的大叫。」

「啊！你們這些正人君子，昨天早上那位老預言家就對我說過你們的這種哀痛，他要用你們的哀痛引誘我、試探我。啊！查拉圖斯特拉，他對我說，我來是要引誘你犯下你最後的罪惡。」

「我最後的罪惡嗎？」查拉圖斯特拉大叫，他怒笑自己的這些話：「還有什麼留給我的最後的罪惡呢？」

查拉圖斯特拉再度沉浸在他自己之中，他再度坐在巨石上沉思。突然，他跳起來。「悲哀啊！正人君子真悲哀啊！」他大叫，他的面色轉為銅色。「好吧！這些已過去了！我的苦痛與我對這些苦痛的憐憫——有什麼用呢？我對快樂在乎嗎？我只關心我的工作。」

「那麼好吧！獅子來了，我的孩子們近了，查拉圖斯特拉成熟了。我的時刻到了，這是我的早晨。我的日子開始了，現在就起來，起來，您這偉大的正午！」

查拉圖斯特拉如是說，他離開他的洞穴，堅強而粲然發光，像自黑暗的群山中升起的旭日。

*以上根據托馬斯．康蒙（Thomas Common）和瓦爾特．考夫曼（Walter Kaufmann）英譯本翻譯。

人文

悲劇哲學家尼采

作　　者－陳鼓應
發 行 人－王春申
選書顧問－陳建守
總 編 輯－張曉蕊
責任編輯－何宣儀
特約編輯－許瑞娟
封面設計－謝佳穎
內頁設計－菩薩蠻電腦科技有限公司

行　　銷－劉艾琳、蔣汶耕
營　　業－王建棠
影　　音－謝宜華
出版發行－臺灣商務印書館股份有限公司
23141 新北市新店區民權路 108-3 號 5 樓（同門市地址）
電話：（02）8667-3712　傳真：（02）8667-3709
讀者服務專線：0800056196
郵撥：0000165-1
E-mail：ecptw@cptw.com.tw
網路書店網址：www.cptw.com.tw
Facebook：facebook.com.tw/ecptw

局版北市業字第 993 號
初　　版：2007 年 5 月
五版1.3刷：2024年 4 月
印刷廠：沈氏藝術印刷股份有限公司
定價：新台幣 380 元
法律顧問－何一芃律師事務所

國家圖書館出版品預行編目 (CIP) 資料

悲劇哲學家尼采 = Nietzsche / 陳鼓應著. -- 五版. --
新北市 : 臺灣商務印書館股份有限公司, 2022.03
240面 ; 21*14.8公分. -- (人文)

ISBN 978-957-05-3397-2(平裝)

1.CST: 尼采(Nietzsche, Friedrich Wilhelm, 1844-1900) 2.CST: 學術思想 3.CST: 哲學

147.66　　　111001030